本书系2024年度吉林省教育厅科学研究项目（就业创业
省大学生就业创业赋能乡村振兴研究"（项目编号：JJK
性成果
吉林师范大学学术著作出版基金资助

经管文库·管理类

前沿·学术·经典

乡村振兴背景下
红色文化资源发展研究

RESEARCH ON THE DEVELOPMENT OF RED
CULTURAL RESOURCES IN THE CONTEXT OF
RURAL REVITALIZATION

齐长利 著

经济管理出版社
ECONOMY & MANAGEMENT PUBLISHING HOUSE

图书在版编目（CIP）数据

乡村振兴背景下红色文化资源发展研究/齐长利著.—北京：经济管理出版社,2023.9
ISBN 978-7-5096-9314-8

Ⅰ.①乡… Ⅱ.①齐… Ⅲ.①革命纪念地—旅游资源开发—作用—农村—社会主义建设—研究—中国 Ⅳ.①F320.3

中国国家版本馆 CIP 数据核字（2023）第 189269 号

组稿编辑：杨国强
责任编辑：杨国强
责任印制：黄章平
责任校对：陈　颖

出版发行：经济管理出版社
　　　　　（北京市海淀区北蜂窝 8 号中雅大厦 A 座 11 层　100038）
网　　址：www.E-mp.com.cn
电　　话：（010）51915602
印　　刷：唐山玺诚印务有限公司
经　　销：新华书店
开　　本：720mm×1000mm/16
印　　张：11.75
字　　数：168 千字
版　　次：2023 年 11 月第 1 版　　2023 年 11 月第 1 次印刷
书　　号：ISBN 978-7-5096-9314-8
定　　价：98.00 元

序　言

　　党的十九大首次提出乡村振兴战略，并将扎实有序推进乡村发展、乡村建设、乡村治理作为乡村振兴的"三项重点"。红色文化资源是乡村发展的重要资源，合理开发利用乡村红色文化资源有助于调整农村产业结构，实现产业融合；打造人与自然和谐共处的美好环境；创建良好乡风文明及完善现代乡村社会治理体制。吉林省红色文化一直以来都被作为吉林省开展党员党性教育的重要载体，在新时期党员党性教育学习中高效地推进红色文化引领党员干部的前进方向，促进党员在吉林乡村振兴的征途中更好地发挥先进模范作用，持续推进党和人民事业向前发展。

　　吉林红色文化凝聚了党的优秀革命传统和集体智慧，具有存史、资政、育人的深刻价值。本书反映了先进的红色文化形态的引领作用，探索了红色文化的创新高度融入乡村振兴的契合机制与实现路径，有效提升了吉林乡村振兴中对红色文化宣传的认识，促进吉林红色文化在乡村中意识形态的教育。同时，对于发挥红色文化形态关键的价值引导、激励作用以及规范乡村振兴的社会主义方向，都具有重要的理论意义。

　　吉林省红色文化凝聚了党的优秀革命传统和集体智慧，具有存史、资政、育人的深刻价值。本书分为五个部分，具体阐述了吉林省红色文化资源与乡村振兴的内在理路、现实困境、发展机制的建立、路径的探寻、现实性意义等。本书反映了先进的红色文化形态的引领作用，探索了红色文化的创新高度融入乡村振兴的契合机制与实现路径，对于发挥红色文化形态对于青年大学生关键的价值引导、激励作用以及规范乡村振兴的社会主义方向，都具有重要的理论和现实意义。尤其青年大学生更要很好学习优秀的红色文化，守住党领导人民创立的社会主义伟大事业，将革命精神世世代代传承下去。

本书的总体框架由齐长利副教授负责设计和统纂定稿。

由于编者水平有限，如有错误或不足之处，敬请各方贤达不吝赐教。

前　言

　　"十四五"规划提出，要优先发展农业农村，全面推进乡村振兴。2020年，习近平总书记在视察吉林时强调，广大党员、干部和人民群众要了解并学习好党史、新中国史，守住党领导人民开创的社会主义伟大事业，世世代代传承下去。红色文化作为一代代共产党人初心与使命的载体，在吉林这片土地上，以其内容之丰富、形式之多样、意蕴之深厚的特点，对推动红色文化资源发展与乡村振兴有效衔接起到了极其重要的作用。近年来，"红色文化"一词广泛且高频地出现在社会公众的视野中，并引起了学术界关于红色文化资源内涵以及乡村振兴战略的深入讨论与研究，不断涌现出大量质量较高的研究成果。不过，本书所探讨的吉林省红色文化资源挖掘与乡村振兴的融合机制及实现路径研究，与之直接相关的论著相对较少，有待进一步深入探讨，这个项目在某种程度上弥补了研究领域的不足。

　　吉林红色文化凝聚了党的优秀革命传统和集体智慧，其一直以来被作为吉林省开展理想信念教育的重要载体，在新时期理想信念教育学习中高效地推进了红色文化引领干部群众的前进方向，促进干部群众在吉林乡村振兴的征途中更好地发挥示范引领作用，持续推进党和人民的事业向前发展。深刻提升乡村振兴中对吉林红色文化宣传的认识，能够提升其对乡村振兴的价值引领，为乡村振兴提供不竭的精神支撑和力量源泉。本书通过研究红色文化与乡村振兴的深度融合，促使其发挥关键的引导、激励和示范作用，红色文化具有存史、资政、育人的深刻价值以及长效经济价值。

红色文化精神是中国共产党根据我国现阶段基本国情与马克思列宁主义相结合，领导我国人民在进行革命斗争、国家建设和改革开放的不断探索中创造并积累起来的一种精神，具有鲜明的时代特色和民族特色。继承并发扬红色文化是实现文化自信的重要步骤。着重加强文化建设，传播并弘扬红色文化。乡村振兴战略的提出，是对马克思列宁主义的传承与发展，是在对红色文化和传统文化进行融合和传承的同时，与我国现阶段具体国情、社会主要矛盾以及共同富裕的基本要求相结合，从而思考如何进一步将"三农"问题解决好的一个重大理论成果。有了红色文化的支撑，乡村振兴战略一定能够得到良好的实施。因此，红色文化精神与乡村振兴的融合具有重要的研究意义与研究价值。

我国乡村作为多数革命和众多红色事迹的发源地，产生了一大批杰出人物，乡村承载着大量的红色文化资源，是中华民族精神中不可或缺的一部分。其中蕴含着深厚的文化基因，值得我们进一步挖掘、开发、传播。近年来，党和国家积极弘扬并大力宣传红色文化，增加了政府各级部门对传承红色文化的重视程度，传播红色文化的举措因此得到了快速实践与发展，与此同时，学术界对于红色文化的研究更加细致和深入。

新中国成立以来，党和国家始终重视加强红色文化宣传，党的十九大报告指出，要坚持中国特色社会主义文化发展道路，激发全民族文化创新创造活力，建设社会主义文化强国，实施乡村振兴战略。随后，为了进一步推进乡村振兴战略的实施，中共中央、国务院印发了《乡村振兴战略规划（2018—2022年）》，这个规划紧紧围绕"产业兴旺、生态宜居、乡风文明、治理有效、生活富裕"的总体要求展开。吉林省紧紧围绕乡村振兴战略规化，于2018年出台了《吉林省委省政府关于实施乡村振兴战略的意见》，提出吉林省实施乡村振兴战略要坚持物质文明和精神文明两手抓，在推动农村文化事业发展的同时，更要重视农村文化产业的发展，持续提高乡村人居文明程度。2021年，吉林省政府工作报告中指出，对于农村的治理措施要不断进行加强与改进，重视农民精神风貌的改变与提升，提出"十四五"时期要传承红色基因，建设文化强省，增强发展软实力。这些都为本书的研究创造了良好的政策环境。

红色文化作为我国革命文化发展的先进成果，彰显着我国人民爱国敬业、甘于奉献、顽强拼搏的良好精神品质与价值观。党和国家不断大力推动红色文化传播，使得红色文化精神深入人心，对于唤醒农民群众内心不惧艰难、顽强奋斗的良好品质起到了至关重要的作用，同时进一步促进了乡村振兴战略的实施和发展。2021年，是中国共产党成立100周年的节点，更是关于乡村振兴得以全面实践的起始之年，推动乡村振兴战略的实施已成为我国发展目标中的着重点，只有将乡村振兴这条路走好，我国才能实现共同富裕。弘扬红色文化并推动其传承与发展对我国来说具有重要意义，但目前我国对于乡村建设方面的相关举措还不够完善，依旧存在着诸多问题。一是不能合理开发、利用保护红色资源，红色资源一旦消逝，不可复原。二是我国对于红色文化宣传力度不够大。红色文化传播能够有效地推动红色文化的传承、弘扬、发展，大数据的发展十分迅速，新媒体技术更迭交替，这对于红色文化传播来说，是一种前所未有的机遇和划时代的挑战。三是人民对待红色文化意识不强，不能正确处理红色文化的内在价值与长远影响之间的关系。四是缺乏红色资源挖掘人才、培养机制不完善等。五是红色文化资源挖掘的形式化，过分注重红色文化所带来的短期经济利益，忽视了红色资源所蕴含的深层次的精神内涵，这使得红色文化本身所具有的育人功能被弱化。

对于目前存在的红色文化不能很好融入乡村振兴建设的问题，应科学阐释红色文化的精神内涵，深刻结合时代特点，不断加强红色文化与乡村振兴的契合机制建设，扩大红色文化的影响力，使吉林省人民群众理解并能够自愿投身到文化建设中去，这样才能促进红色文化资源在一些乡村地区的可持续发展，从而为实现新时代乡村地区全面振兴与全方位振兴发展新突破贡献自己的力量。乡村振兴包括"五位一体"，其中红色文化是乡村振兴的重要组成部分，一定程度上体现了践行社会主义核心价值观。因此，要想实现乡村振兴，就要使红色文化融入乡村建设各项工作中，使其成为建成新时代中国特色社会主义新农村建设的重要原动力。在吉林省红色文化与乡村振兴融合机制的指导下，基于乡村振兴战略的总要求是产业兴旺、生态宜居、乡风文明、治理有效、生活富裕，这是衡量乡村振兴程度的重要标准。想要实现乡村现代化，就要遵循乡村振兴战略的总要求，其中，红色文化对于乡村振兴发展具有重要的社会价值和经济价值。总要求主要从五个方面探索吉林省红色文化与乡村振兴融合的路径。

（1）深挖红色文化资源，建立红色产业品牌。深入挖掘当地红色文化资源，找到红色文化资源和乡村振兴之间的最佳契合点，按照"宜融则融、能融尽融"的原则，形成集旅游、观光、学习等功能于一体的红色文化产业。

（2）深挖红色文化资源，建成生态宜居环境。合理地利用红色文化资源，应与建设美丽乡村同频共振，以红色文化遗产配套基础设施建设为契机，保留具有红色文化特色的村落，充分利用当地资源，对红色资源进行修缮保护，加深乡村居住舒适度和幸福度。

（3）深挖红色文化资源，赋能乡风文化。中国的革命和发展是从乡村开始的，乡村充满了红色革命的气息，要充分利用好红色资源，传承好党的精神事迹，加强党史教育，以群众喜闻乐见的方式，向广大农民群众传播红色文化，培养文明、朴素的乡风，把红色文化资源与乡村振兴精准融合起来。

（4）深挖红色文化资源，达成乡村高效治理。不断强化党员干部的理想信念教育，把红色资源文化中蕴含的理想信念、价值追求、精神风貌转化为拼搏奋斗和为民服务的精神动力，将乡村基层党组织建设成坚强的战斗堡垒，以确保乡村振兴工作在各方面扎实部署并有序推进。

（5）深挖红色文化资源，构建乡村富足生态。乡村振兴不仅局限于达成"口袋富裕""脑袋富裕"的目标，还要注重"心态富裕""生态富裕"的实现，是"四位一体"的富裕。基于上述文化资源对乡村的价值阐述进行探究，创设乡村生活富裕与红色文化资源的融合机制。

目　录

第一章　吉林省红色文化资源与乡村振兴的内在理路

第一节　红色文化资源的概念与内涵

红色文化资源是在革命战争年代，由中国共产党人、先进知识分子与广大人民群众共同创造的、极具中国特色的、优秀的文化资源，蕴含着无产阶级丰富的革命精神和厚重的历史文化内涵。在100多年革命、建设、改革的伟大实践中，中国共产党带领人民创造了独特的红色文化资源。红色代表着希望、胜利、创造、勤劳、勇敢、自力更生、艰苦奋斗、不怕流血牺牲等，是中国共产党价值追求和中华民族精神内涵最生动的象征。正因为有了中国共产党、有了红色文化资源，中华民族才逐步从鸦片战争后迷茫委顿、备受欺凌的状态中挣脱出来，实现了由落后衰败走向繁荣富强的伟大转折。在实现中华民族伟大复兴中国梦的征程中，大力弘扬红色文化资源，从中汲取昂扬奋进、团结拼搏的精神动力，具有重要的现实意义。红色文化资源有利于促进我国政治、经济、文化的繁荣昌盛。在新时代，我们要更多地挖掘红色文化资源中蕴含的丰厚的优秀传统文化精神，从而进一步推动文化强国和社会主义现代化强国的建设。一般意义上的红色文化资源主要是展现中国共产党带领中国各族人民在革命、建设、改革过程中取得的一系列成就以及在这一过程中所形成的一整套系统性的意识形态观念。红色文化资源不仅包含革命遗址、遗迹在内的物质文化资源，还包括"延安精神""焦裕禄精神""载人航天精神"等精神文化内涵。

一、红色文化资源具有极其重要的历史意义

（1）证明历史。近代以来，中国人民遭受过三座大山的压迫，自中国共产党成立伊始，就一直把人民群众的利益放在首位，中国共产党带领中国各族人民赢得了抗日战争和解放战争的胜利，最终成立了新中国。红色文化资源中蕴含的物质资源和非物质资源，见证了中国共产党的壮大和发展。

（2）进一步推动中华文明的传承和发展。一方面，红色文化资源推动了马克思主义中国化的发展。中国共产党坚持和发展马克思主义，在革命过程中，把马克思主义的先进理念融入具体实践中，同时提出了一系列符合中国实际情况的先进思想和重要论断，进一步推动了马克思主义中国化的发展。另一方面，红色文化资源推动中华文明传承。红色文化资源发展过程中形成的"延安精神""井冈山精神""大庆精神""载人航天精神"等中国革命精神谱系建设起了新的民族精神，直到现在仍然发挥着重要的思想引领作用，新时代弘扬和发展红色文化资源，能够进一步推动中华文明的有效传承。

二、红色文化资源具有鲜明的特征

（1）科学性。红色文化资源坚持以马克思主义为指导，坚持具体问题具体分析，反对落后迷信，具有较强的科学性特征。

（2）民族性。中国共产党带领全国各族人民反对日本侵略和国民党反动统治，坚持中华民族独立自主，体现了较强的民族性特征。

（3）时代性。红色文化资源产生于近代社会，是时代的产物，具有较强的时代性特征。

（4）群众性。红色文化资源坚持人民利益至上，始终坚持以人民为中心，具有极深厚的群众性基础。

（5）包容性。红色文化资源不但继承和借鉴了中国传统文化中的精髓，而且进一步借鉴了他国文化中有益的内容，具有较强的开放性和包容性。

（6）创新性。面临着社会发展过程中出现的新问题、新难点，全国各族人民集思广益，提出各种不同的解决对策，在这样一个过程中所形成的红色文化资源具有较强的创新性特征。

"民本主义"思想是我国儒家思想的核心内容，《尚书》中就有"民惟邦本，本固邦宁"的思想理念，即人民是国家的根本，根本稳固了，国家才会安宁，教导统治者要全心全意为人民服务，要注重解决民生问题。《荀子·哀公》中有"水能载舟，亦能覆舟"的言论。一系列论述说明了以人民为中心的重要性。近代以来出现的红色文化资源很好地继承和弘扬了我国传统的"民本主义"思想，并结合中国国情实际有了进一步的创新发展。中国共产党从成立之初就坚持人民利益至上，坚持为人民服务的根本宗旨，始终坚持真心诚意地为人民群众服务。近年来创作的红色影视作品对此亦有体现。民族精神体现了一个民族的精神样态。红色文化资源传承和发展了我国传统的以爱国主义为核心的民族精神，具有极其重要的意义。

以爱国主义为核心的民族精神在不同的历史时期有着不同的体现：在孟子所处的时代，民族精神是"富贵不能淫，贫贱不能移，威武不能屈"；在范仲淹所处的时代，民族精神是"先天下之忧而忧，后天下之乐而乐"；在顾炎武所处的时代，民族精神是"天下兴亡，匹夫有责"……近代以来，中国共产党在国际国内形势异常严峻的情况下，仍然坚持传承和发展优秀民族精神，并在此基础上进一步创新，最终形成具有鲜明时代特征的红色文化资源。比如：革命年代形成的"长征精神""西柏坡精神"；新中国成立以来社会主义建设时期形成的"雷锋精神""焦裕禄精神";改革开放以后形成的"载人航天精神""抗震救灾精神";新时代形成的"脱贫攻坚精神""抗疫精神"等,都是对我国优秀传统民族精神的继承和发展。

近年来,党和国家更加重视加强对于红色文化资源的传播与传承,诞生了一系列各种形式的优秀主旋律文化作品,这些优秀的文化作品更好地表现出红色文化资源对于优秀传统民族精神的传承。比如,电影《长津湖》体现了中国人民志愿军的牺牲精神和不屈不挠的奋斗精神;电影《我和我的祖国》体现了自力更生、勇于攀登的"两弹一星"精神,团结奋斗、永不放弃的"女排精神"以及吃苦耐劳、攻关奉献的"载人航天精神"等。

"内圣外王"出自《庄子·天下》篇,其主要内涵指在内能够具备圣人的才能与德行,在外能够进一步施行王道。在这里我们主要研究的是"内圣",即追求自身内心的修养。自古以来中华民族就不乏"内圣"之人,这在历朝历代都有所体现:汉代的萧何辅佐刘邦,坚持自己的内心,不与他人同流合污,淡泊名利,忠诚爱国;唐代的魏徵辅佐唐太宗李世民,胸怀大志,以人为本,实事求是,敢于直言进谏;明代的张居正一生致力于改革,做事追求效率,具有实干精神。这些名臣身上所蕴含的精神告诉我们,修身内省从而达到"内圣"的重要性。近代以来,中国共产党自成立至今,始终坚持道德信仰和政治信仰统一,不断加强共产党员的思想建设,时刻警醒广大党员坚持初心。红色文化资源进一步展现出中国共产党的追求,在推动国家建设的同时,不断加强党的建设,不断提高全党的凝聚力和向心力,使全体党员牢固树立自律自省精神,进而推动党的持续性进步和发展。当前,尤其应注意发挥红色文化资源在意识形态工作中的作用。

弘扬红色文化资源,最根本的是认真学习马克思列宁主义、毛泽东思想,重点把握列宁所讲的马克思主义的三个来源与三个组成部分、恩格斯所讲的马克思一生的两大发现即唯物史观和剩余价值学说、毛泽东同志的系列论著。同时,要与学习中国特色社会主义理论体系、学习系列重要讲话结合起来,掌握识别真伪的武器，从思想上武装起来，增强建设中国特色社会主义的思想自觉和行动自觉。坚持党的基本路线，坚持四项基本原则，同形形色色的错误思想进行坚决斗争，保持全党全国各族人民思想认识的清醒和统一，齐心协力、共同奋斗。

弘扬红色文化资源，要高度重视对年青一代的教育引导。应通过加强革命历史、传统文化、国情社情等爱国主义教育，帮助年青一代树立正确的世界观、人生观、价值观，坚定正确的理想信念，提高明辨是非的能力，筑牢抵御拜金主义、享乐主义、极端个人主义等腐朽思想侵蚀的思想道德防线，成为中国特色社会主义事业的合格建设者和可靠接班人。

三、红色文化资源是中华优秀传统文化传承的结果

在我国五千多年文明发展历程中，各族人民共同创造出源远流长、博大精深的中华文化，传承下来的优秀传统文化为近现代文化的发展提供了基础。五四运动以来形成的红色文化资源，很大程度上继承了五千年来积淀而成的中华民族优秀传统文化，红色文化资源中的精神内涵包含了中华民族在悠久历史实践过程中形成的精神追求和行为准则，并吸收五千多年中华优秀传统文化的精华，拥有了强大的生命力。中共十四大将"弘扬中华民族优良文化传统"写入党章，表明了中国共产党在对待中华民族优秀文化传统上的态度，也为红色文化资源建设描绘了宏伟蓝图，指出了前进方向。

四、弘扬红色文化资源的根本目的

中国共产党历史是红色文化资源的主体。中国共产党长期领导中国革命与建设、改革开放及建设中国特色社会主义的伟大历程、辉煌成就和丰富经验，是中国共产党的精神创造，是中国先进文化的重要组成部分，也是中华民族的宝贵精神财富。中国共产党历史是红色文化资源的本源和根基，是弘扬红色文化资源的重要源泉和取之不尽、用之不竭的精神宝藏。充分发挥党

史工作和党史研究成果的社会教育功能,为全党全国工作大局服务,为建设社会主义核心价值体系服务,为教育党员、干部和群众服务,是党史宣传教育工作的重要任务。要通过弘扬红色文化资源,使广大党员、干部和群众了解中国共产党领导中国人民进行艰苦卓绝斗争的历程,了解中华民族近代以来的斗争史、中国共产党百年奋斗史、新中国的发展史,了解中国共产党的光荣传统、宝贵经验和伟大成就。要通过弘扬红色文化资源,使广大党员、干部和群众在深入学习和不断领悟中,弄清楚从哪里来、往哪里去的问题,进一步坚定中国特色社会主义的道路自信、理论自信、制度自信和文化自信。

五、弘扬红色文化资源的根本任务

全心全意为党和国家大局服务是弘扬红色文化资源的根本任务。弘扬红色文化资源要想开拓创新、有所作为,必须具有高度的大局意识,深刻认识、紧紧围绕、密切服务党和国家工作大局,急大局之所急,干大局之所需,找准服务大局的突破口和着力点。例如,党和国家 2020 年的工作大局是全面脱贫,决胜全面建成小康社会。党和国家 2021 年的工作大局是迎接和庆祝中国共产党成立 100 周年,全面贯彻落实中共十九届五中全会提出的各项重大战略部署。明确了这一点,就明确了弘扬红色文化资源的首要政治任务。找准了这些重要历史节点、时间节点,也就找准了弘扬红色文化资源的工作重点。实践证明,只有坚持围绕大局、服务大局,这项工作才能得到党和政府更多的重视和支持,才能获得进一步做好工作的条件,才能更加顺利地向前推进。弘扬红色文化资源搞得怎么样、有没有成效、有多大成效,都要放到服务党和国家工作大局的实践中衡量。总之,弘扬红色文化资源只有紧紧围绕大局,才能受到大局的关注;只有主动服务大局,才能得到大局的支持;只有与大局需要紧密结合起来,才能有正确方向、有重要意义、有社会效益、有政治效益。因此,弘扬红色文化资源过程中,要把服务大局的工作放在更加突出的位置，尽最大努力、以最高标准完成这方面的任务。红色文化资源是我们党艰辛而辉煌奋斗历程的见证，是最宝贵的精神财富。红色血脉是中国共产党政治本色的集中体现，是新时代中国共产党人的精神力量源泉。

六、弘扬红色文化资源的社会属性

弘扬红色文化资源工作是涉及面极其广泛的综合性社会活动。目前，弘扬红色文化资源工作，党中央高度重视，全党全社会广泛参与，国际上十分关注。党史系统应按照中央要求，会同有关部门，在全党全社会重点开展学习党史、新中国史、改革开放史和社会主义发展史活动。为广泛、深入、持久地开展这项活动，取得实实在在的成效，党史系统应主动与组织系统、宣传系统、教育系统、共青团系统以及影视传媒、报纸杂志、新媒体等传播平台进行协商、沟通、交流，把党史宣教同组织系统的党员教育和干部培训工作、宣传系统的社会主义精神文明建设活动、教育系统的马克思主义中国化教育、共青团系统的爱国主义教育活动，以及影视传媒、报纸杂志、新媒体等开展的有关活动紧密结合。如此，弘扬红色文化资源就可事半功倍。这样做的结果，一方面，使弘扬红色文化资源能够更好地贴近大局、服务大局，促进各方面工作的开展；另一方面，易于提高弘扬红色文化资源的层次，扩大弘扬红色文化资源的舞台，取得弘扬红色文化资源的突出效果。这种做法既能受到各系统和有关单位的热烈欢迎，也能赢得社会各界的充分肯定。

要用心用情用力保护好、管理好、运用好红色文化资源。要深入开展红色文化资源专项调查，加强科学保护。要开展系统研究，准确把握党的历史发展的主题主线、主流本质，旗帜鲜明地反对和抵制历史虚无主义。要打造精品展陈，坚持政治性、思想性、艺术性相统一，用史实说话，增强表现力、传播力、影响力，生动传播红色文化资源。

第二节 红色文化资源与乡村振兴融合研究的背景

红色文化作为我国独特的历史文化积淀，承载了革命历史遗迹和革命精神，是中华民族文化的瑰宝。光辉的历史值得铭记，革命的火种需要传承。红色文化是中国共产党及其领导的革命、建设和改革成功经验的历史积淀，具有鲜明的时代主题。把红色资源利用好、把红色传统发扬好、把红色基因传承好，既需要在红色教育中增进群众认同，也要在融合发展中激活红色文化新的生命力，让红色文化成为强大发展动力。红色文化不止于静态的文化教材，与非遗等优秀传统文化一样，要致力于活态传承，让红色文化活起来、火起来。广大乡村拥有十分丰富的红色文化资源，是乡村振兴的重要财富，应把这些红色文化资源挖掘好、整理好、利用好，通过发展红色旅游、红色影视、红色教育等有效提升乡村知名度，壮大乡村产业，完善乡村基础设施建设。红色文化对传承发扬民族文化和革命精神，促进乡村振兴，推动美丽乡村建设有着重要作用。因此，如何将红色文化融入乡村振兴具有很强的现实性。红色文化资源产生于波澜壮阔的革命历史进程中，不仅振奋人心，具有极大的精神价值，还能深挖本质，找到其独特的经济价值，用来扎进乡村振兴如火如荼的土壤里。乡村振兴的灵魂是文化振兴，文化是助推乡村全面振兴的内生动力。红色文化是中国共产党领导中国人民在革命和建设中创造并取得的创新性与科学性的先进文化，是中国人民共同的文化符号与红色历史记忆。在统筹安全与发展两个大局的前提下，依托红色文化推进乡村振兴，追寻乡村红色历史记忆，铸牢乡村文化共同体，具有重要意义。

一、深挖红色旅游资源，拓展红色资源产业链

红色旅游资源是促进振兴的法宝，具有重要的资源价值，用好红色资源

才能重振东北，做到这一切，首先要坚定历史自信，用革命传统武装自身。比如吉林地区，由于其特殊的地理位置，在中国共产党建党伊始就成为我们党与共产国际联络的"红色通道"之一，在革命、建设、改革时期，勤劳勇敢的吉林人民在中国共产党的坚强领导下，用智慧和汗水，甚至鲜血和生命，为国家富强、民族复兴、人民幸福书写了可歌可泣的壮丽篇章，形成了独特而充盈的吉林红色资源。东北抗联第一路军总司令杨靖宇曾说："革命就像火一样，任凭大雪封山，鸟兽藏迹，只要我们有火种，就能驱赶严寒，带来光明和温暖。"东北抗战的记忆一代代薪火相传，最终成为中国共产党人精神谱系和政治品格中的重要因素和宝贵积淀，展现了我们党的梦想和追求、情怀和担当、牺牲和奉献，凸显了东北地区广大干部群众的意志品质、精神风貌、行为方式，是弥足珍贵的精神财富。

迈入新时代，踏上新征程，更要用好用活红色资源，培根立心、聚力铸魂，奋力谱写东北高质量发展新篇章。那么如何利用好这些历史上沉积已久的宝贵精神财富，使之转化为经济动力，助推乡村振兴的发展，是一个伟大而又深刻的问题。

首先，产业是实现乡村振兴的现实根基，是促进农民富裕富足的物质前提。在认知乡村振兴要利用产业振兴的同时，应充分利用红色资源，发展乡村的红色旅游资源产业，让村民们既能体会到物质财富充盈，生活水平提高，又能实现精神上的"富足"，拥有宝贵的精神财富，不但能提升自身的素质，还能做到对前来到访的游客进行介绍，做到红色资源的广泛传播。

其次，国家要做到充分开发红色旅游产品，激活红色旅游产业，这就代表着地方党委政府应将红色纪念馆、红色景区、红色教育基地等红色载体与红色旅游资源串点成线，做到红色资源全产业链的开发，推出寓教于游的红色旅游产品，打破行政合作壁垒，联合周边村镇，甚至周边省区，扩大红色旅游建设项目规模，优化红色产业链。充分调动合作社、企业和农户的积极性，推动红色旅游产业向农家乐、农副产品和文创产品销售、民俗风情体验等旅游消费新业态延伸，"丰富乡村经济业态，拓展农民增收空间"，推出定制化文化产品，激活红色文化产业。聘请专业市场运营团队，结合时代要求和大众需求，对红色资源进行梳理、编制和创作，运用声效、动画、网络等现代科技，创新红色文化传播手段和平台，推出集时代化、体验式、沉浸式、互动式于一体的文化产品，增强传统红色文化的艺术表现形式和价值植入方式，丰富人们的精神生活。打造乡村振兴示范线，统筹沿线各村红色资源，分类设计不同主题的研学路线，充分发挥出红色资源的韵味和积淀，在农业旅游中传递精神价值，让游客和投资者们愿意来、留得住、还想来，同时丰富农民参与形式，引导农民以土地、林权、资金、劳动、技术、产品为纽带参与红色旅游产业发展，开展多种形式合作，既为沿线地区带来高涨的人气，为周边村民带来更多增收的途径，同时打造了乡村振兴示范线的品牌和口碑。

最后，创造红色特产。为进一步提高红色旅游带来的经济效益，可结合各村地名或文化，结合红色资源，创造有特色、可复制的红色特产，将红色特产放在红色旅游路线的周边，自发吸引游客去购买，真正做到使推销成为多余。

二、用好红色基因，打造红色品牌，助力乡村振兴

红色基因是红色资源产业链中的重要一环，要充分发挥红色基因的作用，助推乡村振兴的长久发展。

第一，要讲好红色故事，不能"一刀切"。红色故事的受众对象是不同的，不能千篇一律地向外传递，应该根据受众的不同特点，选择不同载体模式，结合信息化手段，用他们喜闻乐见的方式讲好红色故事，呈现红色传统新风尚，焕发红色故事新风采。

第二，要保护好红色文物。将红色文物的保护落到实处，不能单单重视红色文物的经济利益，也要珍视它的宝贵价值。对红色文物的保护需要政府、市场、乡村基层群众共同努力，要让更多的力量加入红色文物保护的活动中

来。用好红色基因，我们还要打造红色品牌集群。以我国的贵州为例，贵州蕴含着极其丰富的红色资源，而且大部分分布在农村地区，这为依托红色资源助力乡村产业振兴提供了重要的源头活水。贵州立足优势，一方面把以遵义会议精神为核心的红色品牌继续做大做强，另一方面补齐短板，深入挖掘一批有潜力、有魅力、有活力的红色文化资源，精雕细琢，打出知名度，最终形成层次分明、错落有致、合力凸显的红色品牌集群。

第三，国家要着手加强农村基层党组织政治建设。红色资源蕴含了中国共产党人忠诚、干净、担当的政治本色，利用好红色资源有助于基层党员干部把牢政治方向、站稳政治立场、坚持政治原则、坚定政治道路，确保农村基层党组织团结一致，凝心聚力，做好乡村振兴的"领头羊"。

第四，政府乡村基层人员在利用红色资源时要坚定理想信念，国家要加强农村基层党组织思想建设。红色资源书写了中国共产党一百年来浴血奋斗、披荆斩棘，为中华民族伟大复兴不懈奋斗的壮美史诗，利用好红色资源有助于基层党员干部不忘初心、牢记使命，勇于担当作为。还要以红色资源净化政治生态，加强农村基层党组织作风建设。

第五，做好顶层设计。打造红色旅游品牌和发展红色文化旅游产业，归根结底是深挖红色文化的内涵，对其进行科学的历史解读和创造性的内容拓展。要充分运用党史学习教育成果，借助村新时代文明实践站、村群众文化活动中心等平台载体，形式多样地组织开展唱红色歌曲、诵红色诗词、讲红色故事、传红色家书等活动，大力践行社会主义核心价值观，孕育农村社会好风尚，推动形成文明乡风、良好家风、淳朴民风。系统掌握红色文化的历史根源与文化根基，重视文化内涵的挖掘和文化基因的激活，只有讲好革命的故事、传达好革命人物的先进精神，才能让爱国主义教育和革命教育在当地村民中间保持深刻记忆，让红色基因传承下来，让红色文化生生不息、熠熠生辉。例如我国的延安地区，该地区红色文化内涵深厚，当地通过对其文化内涵的挖掘，并与延安民俗风情相结合，打造了使游客能够有参与性和体验性的旅游活动。同时，延安地区还在自治、法治、德治相结合的乡村治理体系中，注重以红色传统重塑社会规范，以红色文化滋养新风正气，以红色精神激发感恩奋进，助力革命老区永葆最讲党性、最讲政治、最讲忠诚、最讲担当的鲜明品格。红色产业的发展要注重与其他乡村产业的联合发展，重视整体统筹推进，鼓励农民以林权、土地、资金、技术、劳动、产品为纽带，开展多种形式的合作与联合，完善红色文化资源开发利用的利益联结机制，促进乡村群众随着区域文化旅游产业的发展稳定增收致富。

三、利用红色资源，培育文明乡风

红色资源是我们党艰辛而辉煌奋斗历程的见证，是最宝贵的精神财富。宜宾红色资源富集，有赵一曼纪念馆及故居、朱德旧居、李硕勋故居及纪念馆、余泽鸿故居、郑佑之故居等国家级、省级爱国主义教育基地。特别值得一提的是，目前，翠屏区白花镇一曼村正在作为"全国红色美丽村庄"试点整体推进。当前，吉林正在全面推进乡村振兴，我们应该充分挖掘好和利用好红色文化资源，传承红色基因，赓续红色血脉，为乡村振兴提供强大精神力量。乡村振兴的内容包罗万象，包括基层组织建设、特色产业、人居环境、文明乡风等方方面面，要挖掘和利用红色文化资源，使其在这些方面都能发挥不可替代的独特作用。基层组织是党在社会基层组织中的战斗堡垒，是全面推进乡村振兴的"主心骨"。

挖掘和利用红色文化资源可以夯实基层堡垒，增强基层党组织的向心力、凝聚力和战斗力，让基层党组织团结带领广大群众积极投身乡村振兴的伟大事业中。全面推进乡村振兴，必须立足特色资源，因地制宜发展乡村旅游、休闲农业等新产业新业态。

挖掘和利用红色文化资源可以帮助我们发展特色产业，找准红色旅游和乡村振兴的有效连接点，大力发展红色展览、红色旅游、红色研学等产业业态，引导和鼓励农民发展特色种植业和养殖业，让广大群众共享乡村振兴的发展成果。当前，白花镇一曼村正在作为"全国红色美丽村庄"试点整体推进。我们挖掘和利用红色文化资源，可以以此为契机，大力探索红色资源与乡村风光相结合的乡村建设模式，打造一批红色文化特色小镇、特色名村，改善村容村貌，提高乡村"颜值"，提升人居环境，增强广大群众的获得感、幸福感和尊严感。培育文明乡风是乡村振兴的重要内容，挖掘和利用红色文化资源，就是要用红色文化引领乡风文明，凝聚乡村振兴的强大精神动力。此前，开展的"红色歌曲大家唱""红色故事大家讲"等活动，组织的"道德模范""宜宾好人""文明家庭"等评选，利用重大节庆和传统节日开展的各类文化活动，都营造了见贤思齐、积极向上、崇德向善的浓厚氛围，有力地促进了乡风文明。

挖掘红色资源，有助于涵养文明乡风。乡风文明是乡村振兴的重要保障，是激发广大村民主动性、积极性的重要动力之源。红色资源蕴含着丰富的革命精神和厚重的文化内涵，是理想信念、爱国情怀、道德情操和优良传统的高度凝结，通过深入挖掘和系统阐释，把革命先烈的感人事迹讲出来，把革命遗址的厚重历史说出来，把人的精神品质和精神谱系呈现出来，让广大农村群众接受红色思想熏陶，引发广大农村群众的思想共鸣，从中华民族和人民的宝贵财富中汲取乡村振兴所必备的精神力量。

挖掘红色资源，有利于推动产业发展。以红色资源为基础发展起来的红色产业，已经成为不少乡村的支柱产业。要加强对红色遗迹等建筑设施的合理开发，加强乡村基础设施建设，大力发展红色展览、红色旅游、红色研学等产业业态，打造集文化、农耕、旅游、体验、休闲娱乐于一体的多元红色旅游景点，并且借助5G、VR等现代技术手段，提升红色产业的体验感和沉浸感，给广大乡村带来丰富的客流量，为乡村产业发展注入更澎湃的动力。将红色资源转化为乡村振兴的推动力，需要做好融合文章，既发挥教育功能，又释放经济效益，对广大乡村起到由内到外的重塑效果，为乡村振兴奠定物质和精神两方面的基础，发挥出更加显著的作用。

总之,要将红色文化与乡村振兴结合起来,将其规划到乡村振兴这一整体战略中,运用现代思维和科技手段,投入专业的人力资源,使红色文化的产业体系更加具有亮点和竞争力,能够在众多资源中脱颖而出,真正发挥出它自身的价值。让红色文化在助推乡村振兴的战略上,不仅可以发挥凝人心、扬文化自信的精神价值,还能发挥巨大的经济价值,助推乡村振兴战略的实施和稳步推进。我们有理由相信,红色文化内涵的挖掘,可以对经济的发展产生强大的推动作用。红色文化作为我国历史文化积淀极其重要的组成部分、承载革命史迹与精神的重要载体和中华民族文化瑰宝中的珍品,对传承民族文化和革命精神、引导乡村红色旅游和社会主义新农村建设、带动乡村经济和社会全面发展起着十分重要的作用。因此,加强乡村红色文化旅游,对乡村振兴具有很强的现实意义,同时,经济的发展也会反过来巩固和创新红色文化的内涵,两者可以良性互动,共同发展。

第三节 红色文化资源与乡村振兴融合的现状

我国文化历史源远流长,进入近现代时期后,中国共产党引领国人走向富强民主,这一过程延续积累了厚重的革命文化与历史底蕴,并内化在国人血脉中。基于此,红色旅游资源开发研究具备丰富的游览空间,同时凸显出红色旅游的审美属性与体验感。随着国家高度重视"三农"问题和乡村振兴战略的适时提出,红色旅游资源开发迎来新的契机。

一、红色旅游资源开发利用及乡村振兴战略的关联性

针对"三农"问题,即农业、农村、农民3个问题的创新性解决,党的十九大报告中首次提出乡村振兴战略,并将产业兴旺、生态宜居、乡风文明、

治理有效、生活富裕作为具体要求指标。此后，"挖掘乡村多种功能和价值""全面推进乡村振兴""依托乡村特色优势资源"等方针指示相继提出。红色旅游资源在内容上极为丰富，是中国革命时期遗留下来的各类物质与非物质资源的统称，如革命根据地遗址、革命纪念场所、各时期革命人物留下的实物或精神等。具体到地方上的红色旅游资源，指中国共产党带领地方人民群众，历经各个革命时期中的革命活动而保存下来的可用于观光游览的历史文物、革命遗址、革命人物事迹及广为传颂的革命精神等各类可见或可感的物质与精神财富。

乡村振兴战略主要是依托乡村当地区域的地方特色和优势资源，助推乡村经济与文化两个层面的共同提升。乡村本身自带丰厚的文化意蕴，如当地因历史因素而留存有革命老区等遗迹，将红色旅游资源视为一种富矿进行开发，不失为加快乡村振兴步伐的一种有效做法。立足乡村振兴战略，红色旅游资源开发在乡村区域产业集聚升级、乡村特色文化辐射方面起到的助推作用极为显著。而从红色旅游资源开发利用视角看，乡村振兴战略的推进对红色旅游资源开发的效率和深度也提出了更高要求，红色旅游资源挖掘不深入则无法为乡村振兴提供充足的动能，导致二者呈现停滞状态。因此，乡村振兴战略与地方红色旅游资源开发是相辅相成的关系，一方的推动能够增加另一方的收益，当二者在策略方向上契合时，彼此可实现同步跨越。

二、乡村振兴战略下吉林省红色旅游资源开发现状和面临的主要问题

（一）吉林省红色旅游资源开发现状

本书通过抽样调查吉林红色旅游市场得出相关数据，发现吉林省内游客占比86%，辽宁占比7%，黑龙江占比5%，东北三省外游客占比仅为2%，红色旅游市场以吉林省内游客为主、周边省份客流为辅，省外客流量较低。游客年龄层多集中在少年、青年、中老年，游客职业组成上以党政机关、企事业单位、学生及党员等为主。其中，年轻游客成为红色旅游的主力军，其

对红色旅游观光审美需求呈现出多元化、丰富化趋势。在游览既有红色旅游路线的同时，游客旅游个性化定制需求增长，红色旅游与乡村游捆绑式游览渐趋火热，呈现出地域特色和时代特色兼备的特点。此外，随着乡村游的兴起，城市回流乡村的游客人数逐年增加。

（二）乡村振兴背景下吉林省红色旅游资源开发面临的问题

1. 红色旅游资源开发规划与分布欠缺整体性、合理性

吉林的红色旅游资源总量较为丰富，但从省内资源的分布上看呈现出较大的差异。本书调查数据显示，吉林红色旅游资源587处，根据相关划分因素可分为5个等级，其中优良级红色旅游资源数量43个，占比7%，五级红色旅游资源数量仅有11个，占比不足2%，说明吉林旅游资源品牌知名度不高，品级结构不合理，红色旅游资源开发规划与分布不均衡。例如，吉林南部和中部区域红色旅游资源较为集中，北部和东部地区红色旅游资源相对匮乏，受此影响，吉林红色旅游资源在开发规划上呈现各区域资源利用程度不一的问题，进而导致吉林东西部区域红色旅游资源未得到充分的开发利用，使红色旅游资源利用欠缺整体性、合理性。具体到城乡之间，录入《全国红色旅游经典景区名录》的，如通化杨靖宇烈士陵园、四平战役纪念馆等景区，均在城市及其周边聚集，延伸到乡村地区的红色旅游景区数量少、规模小，一方面反映出城乡发展不均衡、文旅配套资源不完善、游客游玩成本较高等问题；另一方面反映出前期筹备红色旅游资源开发规划时留给乡村区域的数量不足，致使省内红色旅游景区出现差异性、偏重性问题。

2. 红色旅游资源开发与品牌推广之间衔接不畅，产品开发同质化

红色旅游资源开发需要站在品牌塑造与推广的视角对资源的开发利用进行全面审视，并尽量缩短资源开发与品牌推广之间的时间差。然而，吉林在这一环节，尤其是涉及乡村振兴战略下的红色旅游资源开发时，依然存在资源开发与推广衔接不畅的问题以及红色旅游产品开发层面的同质化问题。

例如，在红色旅游资源开发推广方面，吉林主要聚焦在自然和人文景观上，对红色文化旅游资源的宣传不足。受此影响，红色旅游与景观之间、景观与品牌推广之间存在割裂，无法将东北革命历史和精神作为一个整体贯穿于吉林文化旅游框架中，使原本浓厚的红色文化无法凸显品牌属性，游客对吉林红色文化资源及品牌的认知只停留在浅层，阻碍了各乡村红色旅游产业发展。在产品开发方面，延边革命烈士陵园、抗联密营遗址、汪清纪念馆中都有关于童长荣事迹的讲解，但并未形成景点特色；通化杨靖宇烈士陵园往往会将杨将军与东北抗联联系起来，对抗战精神留存地吉林则较少提及；在开展吉林文化旅游时，松花江与长白山等自然资源的提及率远高于吉林红色革命历史，类似做法导致吉林省红色旅游资源知名度和影响力较为有限，无法在全国形成品牌辐射力。

3. 红色旅游资源开发利用专业人才较为匮乏

乡村振兴与红色旅游资源的开发利用是一项系统全面的工程，除顶层设计外，还需要专业人才作为支撑。当前，众多职业院校虽然开设了文旅专业，以培养专业化的文旅资源应用人才为目标，但在红色旅游资源专业人才的培养上依然存在短板。尤其是东北地区，受历史因素影响，传统老工业基地走向没落，以资源为依托的城市逐步转型，但机构性、体制性问题并未得到彻底解决。东北人才的大量外流也削弱了吉林乡村振兴和发展红色旅游产业的人才力量。从相关红色旅游资源景区运营看，一些从业者文化程度不高，年龄较大，自身所受的专业培训不足，导致某些红色旅游景区存在客流稀少、同质化竞争激烈、资源应用形式单一等弊端，大大降低了游客的体验感。

三、乡村振兴战略下红色旅游资源开发的相关策略

（一）不断夯实乡村红色文化根基

红色资源赋能乡村文化振兴首先要做好当地红色文化的保护和传承工作。红色遗址、遗迹属于不可复制、不可再生的红色文物，需要在乡村文化建设

中加大对这些文物和遗迹的保护、传承及有效利用。如果在建设过程中只看到红色资源的经济效益，忽视对红色资源的保护和传承，会造成短视行为，对红色资源造成巨大损失。要全面发挥红色资源在乡村文化振兴中的作用，要坚持循序渐进、科学开发、有效保护和挖掘。因此，有关方面和基层管理部门要高度重视、统筹考量、协同做好红色资源的日常管理、维护和修缮。对红色事迹陈列馆、博物馆、爱国主义教育基地、烈士陵园、革命遗址等重要红色资源地应建立健全红色文化基地的开发使用制度体系。同时，通过各种乡村节庆活动与红色文化的有机结合，让村民自觉、自发地去传承红色文化、红色基因，让红色资源效能最大化，更深入人心。

（二）以红色资源助力乡风文明建设

乡风文明是乡村振兴的重要保障，是激发广大村民投身乡村振兴的重要动力之源。红色资源蕴含着丰富的革命精神和厚重的文化内涵，是理想信念、爱国情怀、道德情操和优良传统的高度凝结，要深入挖掘和系统阐释，让广大村民接受思想熏陶，从中汲取乡村振兴所必需的精神力量。要以社会主义核心价值观为引领，大力弘扬红色文化的精神内涵，把当地红色资源与乡土民情相结合，实现红色资源的有效传承和村民文化素质的提升。要利用丰富的红色文化资源对乡村基层队伍进行教育，在当地群众中大力宣传红色精神、红色文化，不断提高广大干部群众在红色文化方面知行合一的能力。采用红色家书分享会、红色故事演讲会和戏剧展演等老百姓喜闻乐见的文艺表演形式，把红色文化送到百姓身边，在当地形成人人争当红色文化传播者的良好局面，在掌握到位、适时传播到位的基础上，使红色基因的传承形成"由点到线扩展到面"的发展模式。积极促进红色文化融入乡风文明治理，让群众自己动手绘制红色文化宣传墙、红色故事展览等，以创建文明村镇、文明人家为切入点，引导乡村群众崇尚科学，破除迷信，移风易俗，抵制腐朽文化，弘扬红色文化和科学精神。

（三）不断探索红色文化资源与乡村文化发展多元化结合模式

推动乡风民风美起来、人居环境美起来、文化生活美起来，既是实施乡村振兴战略的现实要求，也是富起来的广大农民对美好生活的需求。乡村振兴的主角是农民，乡风文化的滋养为新时代的农民提供文化自信、精神动力。乡村文明建设中，要多角度、多方面挖掘和激活红色文化基因，每个乡村都要把挖掘出来的本地英雄人物、精神元素打造成独具特色的红色文化品牌，综合考虑历史、自然和人文等各方面条件，坚持扬长避短，坚持"一村一品"，体现和强化特色，从而突破传统的观念和模式造成的"千村一面"的情况。要注重赓续红色血脉，培树身边榜样，让身边的典型、模范人物的故事走进寻常百姓家，用身边事、身边人鼓舞百姓、激励百姓。要用红色文化助推乡村文化体系建设。文化品牌塑造是一套完整的体系，应积极引导广大农民参与到打造自己的村镇文化名片中，让村民们不断增强乡村文化自信，在科学组织、有效调度中系统地对乡村的风土人情、红色文化、传统文化、历史底蕴、特色产业等内容进行宣传，集中展示乡村形象，扩大宣传影响力，激发乡村活力。要采取多种方式深度挖潜，促进红色文化资源与乡村文化发展多元化、深层次结合，不断创新宣传开发方式，采用短视频、新媒体扩大乡村红色文化品牌的塑造和宣传。要把红色文化同传统文化、乡贤文化、乡愁文化有效融合，强化乡村的文化记忆，让广大农村更好实现"看得见山、望得见水、记得住乡愁"，成为有文化、有灵魂的乡村。

四、具体措施

（一）因地制宜地开展规划设计

乡村振兴与红色旅游资源开发应从整体进行考量规划，在保持红色旅游资源特色的基础上，正视城乡差异性，因地制宜地开展规划设计。

一是结合区域实际情况，在总体规划指导思路下，破除行政区域壁垒，有机整合省内红色资源，实现区域优势互补。例如，吉林长春红色旅游资源积淀及相关的配套硬件基础设施较为完善，红色旅游资源的辐射面广。因此，在区域红色旅游资源开发时，可与乡村振兴战略联动，将四平等周边地区的红色旅游资源进行集合，形成红色旅游资源集群，以省会的带动优势反哺乡村地区，打造城乡红色旅游一体化模式。

二是发挥政府的主导作用，完善红色旅游资源基础设施，为红色旅游发展提供硬件保障，在景区、乡村游、购物、餐饮、住宿等配套建设上集中发力，打造以红色文化为主题的基础设施。

三是深挖及凸显乡村红色旅游资源，在乡村振兴战略下，保留原有的乡土气息，以本真赢未来，借助统一性下的独特性吸引游客二次来访。

四是借势乡村振兴及文艺作品，让红色旅游目的地火速"出圈"。比如，吉林长春电影制片厂是新中国电影的摇篮，可将《上甘岭》《英雄儿女》《五朵金花》等红色经典影片在乡村取景地所留存的历史资料作为红色旅游新兴景区，通过对电影场景的保护性开发，赓续红色血脉，彰显红色旅游魅力。

(二) 多途径推介宣传红色旅游资源

借助自然因素对品牌形象予以加深。红色旅游资源无法脱离自身条件而存在，本着因地制宜的原则对本地红色旅游资源进行推介宣传和渲染，可以彰显地区红色文旅的独特魅力。吉林位于中纬度欧亚大陆的东侧，属于温带大陆性季风气候，省属范围内密布森林、山脉、湿地，四季分明，雨热同季，冬日独具趣味。为此，应本着品牌区别的原则，相比南方红色旅游资源，突出吉林冬季冰雪品牌魅力，借助自然因素对东北抗联战士的英雄事迹及精神进行讴歌，如此可将冰雪世界与红色旅游结合，进而开发根植革命精神的旅游活动，如滑雪等，在潜移默化中让游客受到爱国主义熏陶，对东北爱国情怀品牌加以传播。例如，东北抗联寒葱岭密营遗址身处寒葱岭林场，自然景色别致，带有极强的国防教育意义，是开展红色主题教育活动的绝佳场所。在此，可通过红色旅游与自然资源的嫁接，举办"白山松水、英雄吉林"旅游活动，或者充分利用山景、红叶观赏区、农耕展示区、雪原示范带，打造"绿色+红色"旅游产品，突出吉林红色旅游主题，为扶持景区周边城镇发展，早日实现乡村振兴的目标指明方向。

打造别具一格的乡村红色旅游品牌。东北革命精神的发育和形成有赖于广袤的乡村地区的配合，红色旅游资源开发在乡村振兴背景下应根植农村地区，打造别具一格的乡村红色旅游品牌。例如，吉林东北抗联历史中，蒿子湖密营、大荒沟党史教育基地等都是乡村文旅发展的发力点，应对这些地区进行改造提升，兼顾抗美援朝等红脉资源，充分发挥区域文化旅游资源价值，在保护性开发框架下释放乡村红色文旅魅力，形成具备独特吸引力的乡村红色旅游品牌；应通过与市场力量合作，打造"永远跟党走""重走抗联路""红色旅游行大学生筑梦之旅"等红色旅游"火车头"品牌，打通乡村振兴增长通道，实现乡村旅游高端化，带给农民更多收入，实现吉林乡村振兴及红色文化旅游一体化发展。

第四节 红色文化资源在乡村振兴发展中的意义与作用

2017 年，党的十九大报告中提出了乡村振兴战略，将解决好"三农"问题作为全党工作的重中之重。对于乡村振兴问题，2018 年，中央一号文件强调要"挖掘乡村多种功能和价值"。2021 年，中央一号文件强调要"依托乡村特色优势资源"。红色文化资源是中国共产党在马克思主义指导下领导中国人民实现民族独立、国家富强和人民解放的革命实践过程中形成的，广泛分布在我国各个乡村地区，是乡村振兴中的特色优势资源。新时代保护红色文化资源，不仅对传承红色基因、延续红色血脉具有重大意义，而且对乡村振兴具有不可替代的独特功能和价值。

一、红色文化 助力乡村全面深度振兴

关于乡村振兴，党的十九大提出了"产业兴旺、生态宜居、乡风文明、

治理有效、生活富裕"五个总要求和思想路线。这是乡村振兴战略的最终目标以及衡量乡村振兴程度的重要标准。红色文化资源作为乡村特色优势资源，如果能够得到有效保护和科学开发利用，一方面，在横向上对乡村的产业发展、生态建设、乡风文明形成、乡村良好治理以及最终达到整体生活富足产生良好助益；另一方面，在纵向上促进乡村物质水平提高和精神文明发展，拓展乡村振兴的深度和质量。红色文化资源之所以能够在乡村振兴的各个方面发挥作用，就是源于红色文化资源自身的深厚历史文化底蕴和民族精神内涵，源于红色文化在我国的特殊性质和地位价值，因而它能够被我国人民群众广泛接纳和认同，在乡村振兴中发挥作用。

红色文化资源能够有效助力乡村全面、深度振兴。一方面，红色文化资源助力乡村全面振兴。具体体现在：开发乡村红色文化旅游休闲产业能够带动"老、少、边"地区的乡村就业率提升；红色文化所蕴含的社会主义核心价值观能够引导乡村生态建设朝着"绿色、和谐、可持续"的方向发展；红色文化中的高尚道德品质能够为乡风文明建设树立良好榜样依据；红色文化历史中关于党的基层建设、政府治理和群众动员的先进经验，能够为建立健全乡村社会治理体制提供方法指导；只有对红色文化资源进行有效利用，才能最终实现乡村生活富足的总目标。另一方面，红色文化资源助力乡村深度振兴。由于红色文化资源同时具备促进物质生活水平提高和精神文明建设的双重价值，因此，相较于一般的文化资源更有助于实现乡村振兴高质量推进和深度有效发展。由此可见，当下要有效推进并实现乡村振兴，一定要保护好红色文化资源。

二、传承为本　夯实乡村红色文化根基

通过红色文化资源为乡村振兴赋新能，首先做到对乡村红色文化资源的有力保护和有效传承，以此夯实乡村红色文化根基。当下乡村振兴中对红色文化资源的利用之所以还没达到良好的预期效果，很大一部分原因在于没有对红色文化资源本身倾注精力，而是过于急功近利，急迫地想要借红色文化获得经济效益，忽略了对红色文化资源的保护和深度挖掘。主要表现在：没有将红色文化资源全面融入乡村生活生产；没有全面把握红色文化资源在乡村全面振兴中的价值，只是单纯着眼于红色文化的经济建设价值；没有做到对红色文化资源的合理开发和有效保护等。因此，要让红色文化资源在乡村振兴中全面发挥优势，需要循序渐进，从红色文化资源的保护、挖掘入手。

夯实乡村振兴中的红色文化根基，大力保护乡村红色文化基地，传承弘扬红色文化精神内涵。一方面，乡村建设中要重点保护本地原有的红色文化基地，建设开发更多与红色文化资源相关的文化基地，如红色革命纪念馆、烈士陵园、革命遗址等。当地政府和乡村基层管理部门要加大资金投入，做好红色文化基地的日常修缮维护，建立健全地方红色文化基地开发利用制度体系，做到有效保护、适度开发、科学利用。在此基础上才能进一步利用红色文化基地开发乡村旅游业，并促进红色旅游业可持续发展。另一方面，要在保护红色文化基地的基础上挖掘当地红色文化资源的内在精神教育价值和方法论指导价值，大力宣传弘扬红色文化精神内涵，实现红色文化资源的良好传承，为将红色文化精神融入乡村经济生态、文化建设奠定思想基础和群众基础。如在乡村振兴中定期对乡村基层队伍进行红色革命文化精神教育，在当地群众中大力宣传弘扬红色精神和革命品质，提高群众的红色文化素养。只有做好红色文化的保护传承工作，才能够为利用红色文化资源促进乡村全面、深度振兴，提供坚实的物质保障和思想前提。

三、科学开发 赋予乡村振兴红色动能

通过红色文化资源为乡村振兴赋新能，最主要的工作是合理科学地开发利用红色文化资源进行乡村建设。当下乡村振兴对红色文化资源的开发利用最主要的问题在于没有突破传统观念和模式，造成方法单一、观念老旧、收效甚微、资源搁置等问题，出现了在红色文化资源开发上"千村一面"的现

象。因此，当下乡村振兴要想发挥好红色文化资源的独特优势，应进行红色文化资源开发利用观念上的革新、方法上的创新，充分展现出当地红色文化资源在乡村振兴中的独特优势，在乡村振兴的各个方面融入红色文化资源，根据乡村自身特点和红色文化内容探索出一套独具特色的乡村振兴模式。

（一）科学开发红色文化资源，为乡村振兴赋新能

首先，要做到红色文化与乡村生活生产活动全面融合。一方面，要深入挖掘乡村红色文化资源精神内涵，将红色文化体现和倡导的价值观和发展观纳入乡村日常生产、教育、文化、娱乐活动中，促进乡村红色文化基础设施建设，营造浓厚的乡村红色文化氛围，提高群众的红色文化素养。另一方面，要将红色文化全面融入乡村产业振兴、生态建设、基层治理、乡风文明建设、精神教育等多个方面，努力探索并发挥红色文化对于乡村振兴全方位的价值。

其次，要创新宣传开发方式，形成乡村特色，探索红色文化资源与乡村发展多元化结合模式。一方面，要探索"红色+民俗""红色+生态""红色+旅游"等特色化、多元化的乡村振兴模式，突破传统单一的融合模式，建立乡村特色红色文创品牌。另一方面，要积极运用现代媒介渠道进行当地红色文化特色产业的宣传和红色文化精神的弘扬。

最后，要引进并培养高质量人才队伍。高质量的领导队伍对提升红色文化资源融入乡村振兴的效率将产生巨大助益，乡村振兴中应加大对基层管理者相关素养和技能的培养与提升，并积极引入人才对乡村振兴工作进行指导，实现对当地红色文化资源定位的准确把握和有效利用。

（二）把红色资源利用好、把红色传统发扬好、把红色基因传承好

习近平总书记强调，红色文化资源作为当下乡村独特的优势资源，在乡村振兴中的功能和价值不可小觑。保护红色文化资源能赋予乡村振兴有效的理论支持和方法指导，而在乡村振兴中保护红色文化资源，对于新时代传承红色基因、弘扬主旋律也具有重大意义，二者相辅相成。因此，必须实现红色文化资源与乡村振兴战略的全面融合。

红色文化资源根植中国大地，蕴藏着丰富厚重的历史底蕴与文化内涵，其中最独特的革命精神已经进入中国人民的血脉，成为民族文化的重要印记。红色旅游资源与区域人文景观的结合，可以使爱国主义精神贴合融入区域旅游行业，形成一种新时期可提供思政教育、开展个体休闲活动的新的旅游服务格局。吉林浸润革命风气较久，红色旅游资源开发具有较高的可行性。从宏观微观层面看，红色旅游资源开发能够为吉林乡村振兴带来物质财富和精神指引。

四、红色旅游资源带来的物质财富

地方红色旅游资源包括革命纪念馆、革命遗址、烈士陵园及烈士纪念碑等，这些物质资源具备转化成为经济动能优势的条件。从微观方面看，红色旅游资源实体能够为乡村区域吸引资金、客源、信息、物流等要素，带动区域周边的交通运输、度假、休闲、观光、农产品、手工艺品、创意产品、餐饮住宿等配套服务链发展，增加乡村经济附加值；从宏观方面看，地方红色旅游资源是升级完善乡村区域经济产业结构，延伸乡村地区经济发展产业链，加快农村基础产业转型升级，实现乡村地区共同富裕的重要路径。以文旅促就业，以文旅拉创收，已在众多区域得到实例验证。

从吉林的具体实践看，该省文化底蕴深厚，承载抗日战争与解放战争革命历史，拥有丰富多样的红色旅游资源，以至于近些年来红色旅游资源引领的红色旅游在当地逐渐受到青睐，红色旅游产业成为乡镇产业转型与吸纳就业的新阵地，以及带领农户致富的一种新路径。通过打造企业、农户、资源深度绑定融合的模式，借助民俗村、红色文化旅游景观的营造，日益扩大红色文化资源的辐射效应，带动当地就业覆盖面的扩展，进而带动村民增收，更快更好地实现乡村振兴。其中，吉林有16家景区入选全国红色旅游经典景区名录，通化白山桦甸杨靖宇线路、延边吉东抗联线路等旅游线路的开发成为吉林省旅游创收的主要贡献点。

五、红色旅游资源带来的精神引领

"红色资源是鲜活的历史,也是党史学习教育最生动的教材。"地方红色旅游资源的精神引领作用主要是汲取革命先进事迹及革命精神,为文化资源观赏者及体验者提供精神层面的滋养。例如,革命时期共产党人具有的爱国主义精神、坚定政治及理想信念、无私无畏的斗争精神、敢为人先的拼搏精神等,这些都是可贵且带有思想引领价值的红色旅游资源。对红色旅游资源进行挖掘利用,以爱国主义教育基地为乡村振兴的抓手和落脚点,是革命老区及红色文化区域实现破局发展的重要手段。国家突出乡村振兴战略,将其作为解决"三农"问题的一个突破口,而在乡村振兴过程中必然会面临各类困难挑战,此时大力弘扬和创新性挖掘利用红色旅游资源,借红色文化资源理念教育之力,引导党员干部坚定政治初心和行动理念,是破除乡村振兴阻碍的一把利器。从吉林实践看,用文化之魂构建人民精神家园,用乡村文化维系乡村精气神,一方面可以让本地红色文化传统在更广范围内被当地居民了解,生发故土热爱之情,感悟英雄赞歌;另一方面可以通过设立乡村文化节等方式,给予外来游客体悟乡村红色文化的机会,使乡村文化内涵得到深入挖掘,助推本地乡村文化走向振兴。

红色文化是中国共产党领导中国人民在革命、建设和改革的伟大实践中创造、积累的,彰显党的性质和宗旨、体现人民性和时代性要求、凝聚各方力量的先进文化,它具有中国共产党人鲜明政治标识的红色基因,是激励各级党员干部不忘初心、牢记使命,与广大农村群众同甘共苦、建设美丽乡村、共创美好生活的强大精神动力。在乡村振兴战略实施中,把红色资源利用好、把红色传统发扬好、把红色基因传承好,红色文化所包含的红色历史、基因、足迹等,是推动乡村振兴最好的营养剂、催化剂、黏合剂。充分发挥红色文化的优势,可在乡村振兴中起到重要的引领作用,助推新时代乡村全面振兴。

(一)以"红"助美,勾画"生态美"的富春山居图

良好的生态环境是农村的宝贵财富,也是打造优美人居环境的重要优势。

要打造具有红色底蕴的人居环境。一些分布在乡村的红色文化革命遗址等物化形态，寄托着乡村百姓对革命先辈的无限缅怀，已成为乡村精神的不朽象征和重要组成部分。在乡村振兴和建设规划中，要浓墨重彩地融红色基因于绿色风景，让红色文化与绿色生态相得益彰，引导农民既"种农田"又"种风景"，在提升绿水青山的颜值中提高美丽乡村的价值，增添美丽乡村的文化厚度和生态灵性。

（二）以"红"兴业，谱写"产业强"的乡村乐章

红色文化是重要的文化和旅游资源。广大乡村拥有十分丰富的红色文化，是发展文化旅游产业的宝贵资源，是乡村振兴的重要财富。发展红色文化旅游产业是促进农民增收和产业振兴的重要途径。近年来，基于红色文化的红色教育、红色旅游、红色影视等产业蓬勃发展。在不少乡村，红色文化资源的挖掘与利用成为带动群众脱贫致富、推动乡村振兴的重要力量。

（三）要以"红"凝心，"著"就"生活甜"的幸福安居篇

红色文化是伴随革命而产生、形成并逐渐发展起来的文化形态，是思想道德建设的优质资源，蕴含丰富的道德建设正能量。红色文化在乡村现代社会治理、推动乡村振兴、促进村民幸福生活中发挥着重要作用。从社会心理层面讲，红色文化蕴含大公无私、自强不息、乐观向上的精神气质。在乡村社会转型发展过程中，由于受到不良风气的影响，一定程度上存在自私自利、消费主义、骄奢浮华等不良社会心态，要充分挖掘红色资源的丰富内涵，拓展红色文化平台载体和展现形式，构建立体化、信息化、智能化、人性化、便捷化传播渠道，形成形式多样、层次多样、手段多样的宣传教育路径，让红色文化在乡村活起来、立起来、动起来，成为乡村振兴的最美底色。依托红色文化培育公共理性精神，滋养自尊自信、理性平和、积极向上的社会心态。

"锲而舍之，朽木不折；锲而不舍，金石可镂。"只要我们有抓铁留痕的狠劲、水滴石穿的韧劲、老虎下山的冲劲，就一定能绘就乡村振兴的壮美画卷！

第二章　吉林省红色文化资源与
乡村振兴的现实困境

第一节　红色文化资源未合理开发利用

　　吉林，这片被无数革命英雄志士鲜血浸染过、被无数的奋进者汗水浇灌过的土地，她最厚重的底色便是红色。民族危亡时，一片片碧绿的长白林海，一条条泥泞的小路汇聚相连，走出民族独立的光辉坦途；解放战争时，吉林战场危机四伏，一曲曲胜利的歌声此起彼伏，震撼人心。从长白山到松花江，吉林这片黑土地上珍贵的红色资源，承载着永不褪色的红色记忆：铺平辽沈决战胜利以及东北全境解放的道路；"抗美援朝第一渡"拓印着42万余名志愿军的脚印，至今高唱着那首"保和平，卫祖国，就是保家乡"的英雄赞歌；一汽总部旧址门前，"第一汽车制造厂奠基纪念"碑石巍然耸立，见证着一代代一汽人"为新中国的汽车工业开辟道路，为建设工业化的新中国而努力"的誓言。

　　红色文化是中国特有的优秀文化，蕴含着中华民族自强不息、锲而不舍的精神。它一直被视为先进文化、和谐文化、和谐社会的有力载体。目前，不少地区加强了红色文化资源的开发利用，但在具体实践中还存在或多或少的问题。吉林的红色资源并没有被完全开发，很多红色文化资源未被合理开发利用。

一、缺乏系统保护，对红色文化资源保护力度不够，新型红色文化资源建设滞后

红色文化在现代社会的传承和发展，要与时俱进地创新，增强红色文化的长效性，增强红色文化的影响力，让红色文化渗透到人们的日常生活中。然而，研究发现，各个地区都认识到红色文化的重要性，但对红色文化的认识并不深入，导致对红色文化的传承有偏差，这对新时期红色文化的发展和传承产生了负面影响。大量红色文化资源没有被纳入法律保护体系，很多红色文化资源只有故事而没有故居、纪念馆之类的实体载体。不少地方对红色文化资源保护的意识淡薄、没有正确的保护措施，红色资源呈现出逐渐消失以及碎片化的迹象。一些红色文化资源，如红色歌曲、口述档案资料、地方档案资料、红色书籍和报纸也消失了。因此，加强对红色资源的保护是非常重要的。红色文化景点所运用的技术方法不够与时俱进，文化推广方式简单。

二、红色文化宣传主要采用报纸、书籍等传统纸媒，广播影视等电子媒介，参观红色革命旧址和博物馆，在校园中进行红色文化教育，缺乏吸引力

纸质媒介在宣传内容和形式上缺乏创意，电子媒介时间较短、渠道单一，革命博物馆的参观展览趋于千篇一律。这些宣传方式在氛围营造、内涵表达、互动体验等方面缺乏吸引力，难以深刻触动和震撼人心。由于红色文化资源年代久远，年青一代对红色文化不够重视，感情不够深厚、认识不足。

目前，红色文化发展存在影响力不足、数字化程度低，缺乏大众认知度较高的红色文化网络平台等问题，特别是在一些偏远落后地区，由于资金短缺，红色文化网络平台建设较为困难。一些老牌红色文化网络平台存在创新开发滞后、专业性较弱等问题，导致平台点击率和传播率较低。还有一些红色文化网站，大多处于散乱的壁垒状态，只能逐点了解，无法整合与共享，限制了红色文化传播的深度和广度。

缺少多元利用，展览乏力。一方面，由于产权和隶属关系复杂，红色文化资源的免费开放程度相对不足，运营资金主要源于市级财政的支持，私人资本很少进入，即使有私人资本的投入，也集中于餐饮行业。大部分红色文化资源尚未被纳入保护对象中，处于无人管理的状态。另一方面，现有各类红色文化纪念设施的展陈形式相对单调，缺乏吸引力和影响力，很难满足游客和红色文化旅游资源的发展需要。广大的乡村地区是东北抗联的主阵地，因此开发红色旅游资源要注重对乡村红色旅游资源的深入挖掘，如东北抗联蒿子湖密营、大荒沟党史教育基地等，都是位于乡村地区的红色旅游资源。但由于当地政府扩建，或农民为了扩大耕地，往往忽视了对这些遗址的保护，甚至对其进行破坏。对此，要加强政府和民众对红色遗址的保护意识，使人们认识到红色遗址的宝贵价值，并对其进行保护性开发，让红色遗址在发挥其社会价值的同时，产生出更多的经济价值。

三、吉林的红色文化资源缺少整体开发规划和思路

（1）一些景区开发时间较短，开发缺少规划和整体思路。比如一些景区用革命先烈的名字命名，但与革命先烈相关的信息却很少，一些史料馆没有进行有效的分类和整理，所以不利于吸引游客兴趣。

（2）吉林对红色资源的品牌价值缺乏足够的认识。①部分部门和干部还没有意识到红色文化在吉林经济社会发展中的作用。看不到红色文化与社会主义现代化建设、与吉林经济发展间的辩证关系，在开发利用这些红色文化资源方面三心二意，不仅没有加强对资源开发的研究，而且缺乏宣传和推广。②产业化开发也较缓慢。由于没有看到红色文化所蕴含的时代价值从而忽视

了营销策划和开发利用的深度。在史料馆中，有关资料和文物以静态式、陈列式为主，形式单一。没有对红色文化产品进行精心包装和策划，使红色文化不能为广大青少年及广大群众所喜闻乐见。③没有发挥其应有的作用。关于一些英雄和名人的红色文化资源的开发更是不足，这些都使得吉林省的红色文化资源看起来比较单一，不够丰富，不利于吸引游客的兴趣。

（3）红色文化资源开发的管理体制不健全。当前吉林红色文化资源管理机构存在职能交叉的现状、部分分割较为严重。官本位思想严重，影响了红色文化资源的全面开发。不良管理体制也影响着红色文化资源的开发。有的文物局不仅承担景点，还承接其他旅游资源的开发，一旦出现红色文化资源开发问题，每个部门都有责任归属的问题，导致责任得不到有效划分。不同的管理部门在开发红色资源时不清楚自己的责任所在。换句话说，在共同开发的过程中，他们不会尽力。此外，管理部门层级过高，在开发资源的过程中，会出现上报困难、信息传递效率低下等问题，这些都会延误红色旅游资源的开发利用。

（4）红色遗产管理维护人才匮乏。人才是当今时代第一生产力，科学有效地保护和发展红色遗产，很大程度上要靠人才。保护红色遗产不仅需要更多具有理论知识和实践知识的专业人才，还需要许多具有历史、经济、旅游、地理、建筑等多门类学科知识的复合型人才，需要这些人主动投入红色遗产保护中。这显然对新时代红色遗产开发利用和管理维护人才提出了更高要求。相关领域专业人才的缺乏是制约吉林红色文化资源开发利用和红色遗产保护工作的重要因素。吉林长期从事红色文化遗产保护的专业人才并不多，尤其缺少富有创新性和担当精神的人才，导致当地红色文化始终未能很好地融入当地特定的地域文化中，红色文化内涵挖掘不深，表现手段落后乏味，体现不出自身的优势。

红色文化资源未合理开发利用的原因可以分成意识形态和经济实力两个方面：

第一，在意识形态方面，对红色文化资源认识不准确，开发利用保护工作不合理。人们没能正确认识到红色文化资源作为一种宝贵而独特的文化资源需要纳入当地发展全局加以统筹规划，重视对红色文化遗产的挖掘、整理、管理、开发和维护。更多的是从获取经济效益的角度出发，以经济价值高低决定文化保护力度，把更多的资金投向经济效益显著的红色景点，对一些经济价值不高的红色文化遗产则敷衍塞责，导致一些红色建筑遗产面临不断破损、消败的命运。同时，在日常宣传推介中，人们轻易把红色文化定义为革命文化，这对许多并未生长在革命年代的人来说太过久远，未免"过时"而难以接受。对红色文化的宣扬，既要尊重历史事实和革命先辈，又需要与现实生活相联系并富有趣味，将红色文化产品以符合现代人认知需求的方式展现出来。

第二，在经济实力方面，总体社会经济发展水平落后，缺乏资金支持。当年革命根据地多数建立在农村偏远地区，经过多年发展，这些地区经济发展水平总体相对滞后，区位条件不佳，基础设施不完善。由于当地经济欠发达，财政资金有限，能投入文化事业中的经费更是捉襟见肘；自身吸引外部投资的环境较差，制约了旅游景区的基础设施建设和客源市场的拓展。同时，经济落后导致本地区居民消费水平有限，旅游需求不强，自身市场难以培育成型。如此一来，老区丰富的红色文化资源只能被滥用、闲置甚至破坏。另外，经济落后地区往往也是人才"洼地"，难以吸引高端人才长期驻留。

四、解决红色文化资源未合理开发利用的方法

（一）注重多元化展示

要改变过去单一的红色文化展示方式，重视旅游线路、展示手段、导游宣讲等规划，把景区建设成为更高品位的精品景区。可以利用现代高科技手段提升吸引力，丰富展示方式。此外，在保护文物本质的同时要注重结合新时代发展的特点对文物进行包装、修饰。同时，可以采取歌舞表演等形式吸引游客注意，不局限于单一的文物静态展览。

（二）加大对红色文化遗产的保护力度

要做好革命遗址分类保护工作。根据历史意义、遗址规模、损毁情况等条件，区分不同文化遗产的保护等级，对历史意义深重、遗址规模大、受损严重的重要革命遗址进行重点保护。以县、区为单位，各地加派人手，层层落细落实，制定有效且有针对性的修复措施和管理手段。

（三）合理分配资金，完善基础设施

合理使用省级财政旅游发展资金，统筹安排红色文化遗址开发利用和管理维护经费。专项资金用于修复历史价值较高和损毁严重的红色旧址的修护，以及各类纪念场馆的日常管理维护和保护。交通、旅游、住房建设、金融方面等多部门协调配合，财政经费向完善交通、供电、供水等硬件设施及各景区吃、住、行、游、购、娱相关配套设施的方向倾斜，全面综合开发利用现有资源，完善产业链条，形成产业集聚效应和规模效应。多渠道筹措红色资源开发利用资金。

一是加强政府金融支持。把革命文物保护作为支持重点，进一步完善革命文物保护财政保障机制，在积极争取国家和省级财政补助的基础上，加大市级和区县配套资金投入，建议设立红色文化资源保护专项资金，用于红色文化资源的修复、保护和质量提升。对于产权私有的不可移动文物，政府应加大资金投入及协调工作，厘清产权归属，明确其管理权、使用权和受益权。全面实施革命文物相关财政资金的绩效管理，强化监督审计，提升资金使用效益；健全革命文物保护利用多元投入体系，积极引导社会资金采取合作、授权、独立开发等方式，参与革命文物保护，发展红色旅游。

二是以市场手段配置资源。改变单纯依靠财政投入的现状，可适当引入社会资本的加入，为红色文化资源的开发注入长期活力。探索"公办民营"或"民营公补"模式，委托社会机构参与政府财力投入的红色文化资源的运营管理，研究制定相应的税收、财政配套激励政策，降低社会力量参与红色文化资源建设的门槛。完善基金会、理事会、慈善制度，探索并完善服务外包、公开竞标、项目授权、财政补贴等机制，形成社会资本共建共享公共事业的新格局，在鼓励社会参与中加强管理创新。

（四）整合各类资源，探索全域旅游

依托现有自然资源和红色资源优势，借助深厚的历史文化底蕴，合理融合各种红色资源，打造特色鲜明、主题突出、内容丰富、形式多样的旅游产品和服务。社会各行业密切联系，政府各部门应协调配合，为游客打造一种独特而又形式多样的旅游体验，实现旅游品质的提质升级，让吉林城市形象更加突出。

一是完善红色旅游产品体系，坚持保护革命旧址与弘扬八一精神相结合，大力推动红色文化资源与文化旅游名城（镇）、风景名胜区、旅游景区、美丽乡村等融合发展，推出一批红色旅游融合发展示范区，重点建设国家红色旅游经典景区，打造一批红色旅游精品线路，形成本市红色旅游品牌。

二是制定实施全省中小学研学旅行计划和有关标准，将红色研学教育纳入学校教育教学计划，将综合实践活动课程、地方课程和校本课程统筹考虑，以弘扬社会主义核心价值观为主线，大力开发爱国主义和革命传统教育、国情教育、夏（冬）令营等研学红色旅游产品；深入挖掘爱国主义教育基地的红色文化内涵，利用重大节日、纪念日，在中小学开展研学旅行和"实践课堂"活动，在高校开展红色旅游主题实践教育活动，讲好红色故事，传播红色文化。

三是加强红色旅游基础设施建设，创新红色旅游展陈方式，依托革命旧址兴建博物馆、纪念馆、陈列馆等，设立红色旅游革命教育基地。充分利用科技工程、科普场馆、科研设施等发展红色科技旅游。

（五）以红色文化资源开发利用带动乡村振兴

将开发利用红色文化资源作为促进乡村振兴的手段之一，凭借本地红色资源优势，与企业携手推动红色旅游规划建设，打造以"红色文化"为主题的特色旅游地区。吸引旅客消费、企业投资，拉动当地经济发展，以红色文化资源"反哺"革命老区，在保护好红色文化的同时降低资源闲置率。

第二节　宣传机制不健全

在当今时代，企业构建党建红色文化建设体系时，在宣传红色文化方面存在一些问题。企业党务工作人员只是以文字、文件的形式宣传红色文化的精神或内容，让党员群众了解党的发展历程和精神文化，没有对红色文化的基本内涵、特点和价值进行有针对性的宣传。

一、由于宣传工作不到位，导致企业党员干部对红色文化的认识片面

宣传工作是开展党的建设工作的一种方式，也是宣传广大党员意识形态的一种手段。宣传工作不全面的问题，影响了党建红色文化体系的建设。红色文化作为一种特殊的公共文化，其主要特征是群体性和公共性。在过去很长一段时间里，红色文化主要依靠广播电视、文化台、博物馆、图书馆等公共场所传播。

（一）缺乏公众的文化参与意识

目前，新媒体的普及率越来越高，并呈现上升趋势。它已成为红色文化传播的主要载体。随着新媒体的逐渐渗透，人们的阅读习惯和文化消费观念发生了一定的变化，文化选择的自主性增强。红色文化消费市场的受众不断分化、细化、分散，越来越多的年轻人形成了碎片化的阅读习惯，导致了苦难"长期关注"的消失，深层公共文化资源的稀缺。特别是一些为满足市场需求而推出的娱乐文化、低俗文化和消费文化具有一定的干扰性，容易影响

受众的判断和思维，从而使其失去对文化内涵的探索。虽然新媒体凭借良好的互动吸引了大量用户，但红色文化场域的呈现，消解了公众的文化参与意识，动摇了公众创造深层文化的热情。同时，红色文化的传播也需要充分利用市场的力量，融入文化市场。但以新媒体为主要载体的文化市场存在权威性差、专业性不足、监管相对混乱等问题。此外，新媒体的商业性与文化传播的公益性存在较大差距，难以引导人们自觉参与公共文化传播。

（二）受众反馈机制不健全

在互联网时代，人们对话语权的要求越来越高，期待反馈建议和意见。但在红色文化领域，娱乐文化的影响阻碍了受众的视野，红色文化的价值没有得到充分挖掘，导致红色文化受众的反馈机制不完整。为了保证文化信息传递的连续性和持久性，有必要采取循环的传播方式。各种新媒体可以搭建强大的信息交流平台，有效拓展文化消费市场，但在对待红色文化的态度、要求上存在一些问题。一些媒体着眼于商业价值，不断加强大众文化和消费文化的投入和输出，忽视红色文化的社会价值，未能为受众提供更好的文化话语表达空间，导致供需失衡。有些传播者更注重红色文化的传播，没有做到与受众的沟通。

如果不能对他们对文化发展的建议和要求做出回应，他们很容易失去反馈的信心，甚至失去对红色文化的关注。

（三）传统宣传理念的脱节

在互联网和新媒体出现以前，红色文化的传播主要依托于政府，在具有权威性、专业性、高可信度的同时，也对红色文化注入了一定的官方色彩。进入互联网时代以来，具备较强理论性的红色文化，很难吸引受众尤其是青年群体的目光，传统宣传理念脱节现象较为严重。有些传播者在传播红色文化时，缺乏应有的创新与变动，既降低了红色文化的时代价值和现实意义，又很难激发受众了解红色文化的积极性。部分传播者的视野较为闭塞，没能关注到红色文化蕴含的价值，依然沿用原有的文化资源和文化信息，不能满足受众对时效性的需求。此外，进入新媒体时代以来，受众的文化消费正在逐步上升，传统主流媒体和政府的信息覆盖能力相对有限，而其他社会组织机构、学校、企事业单位，有的还保留着较为落后的传播观念，缺乏对红色文化的应有关注，这制约着红色文化的广泛传播。

当前红色文化网络传播的负面效应逐渐显现，传播效率受到了很大影响。

二、应对红色文化宣传机制不健全的方法

为了满足受众的文化需求，使红色文化能够顺应时代的发展，传播者需要在传播理念和策略上尝试转变，并将受众需求的精准定位纳入文化服务工作，不断优化传播模式，积极发挥社会导进功能。

（一）精准定位受众需求

21世纪以来，生产生活方式发生了翻天覆地的变化，变得越来越多元化、个性化，特别是互联网和新媒体的普及，带动了文化消费需求的多样化。例如，不同身份、爱好、性格特征、年龄群体的受众往往形成一定的集群，打破了以往高度统一的集体，也形成了独特的文化消费需求。红色文化传播者只有转变大众传播观念，实施大众传播战略，主动迎合各种受众的需求，才能保证红色文化传播在互联网时代的竞争优势。红色文化传播对受众需求的准确定位需要有一定的针对性。

我国东部沿海地区的红色文化传播者已经开始积极探索，通过学习市场经验，借鉴流行文化传播模式，并加强对受众群体的研究和分类，很大程度上提高了传播的质量和效率。红色文化的目标受众可以定位在青少年、失业大学生、社会事业单位的老年职工，根据不同群体的要求，提供有针对性的红色文化，并结合区政府的力量加强宣传，实现社会效益和经济效益的双重收获。广东韶关结合当地红色文化发展现状，制定实施红色教育基地建设和红色革命遗址修复保护工作方案。相关部门人员深入市场，了解受众需求，制定红色旅游发展规划，打造官方微博、微信公众号等新媒体传播渠道，将本土红色文化传播提升到新的高度。

（二）优化传播模式，加大虚拟空间利用率

就目前红色文化传播的现状看，新媒体虽然具有较强的互动性，但缺乏有效的引导，在红色文化传播领域没有形成积极的互动性。红色文化的延续与传承，说明这种特殊的文化具有重要的传播价值。为了充分发挥红色文化对社会主义核心价值观形成和稳定的作用，红色文化传播者需要不断优化传播方式，提高虚拟空间利用率，扩大传播规模。在提高新媒体利用效率的基础上，传播者可以构建更加完善的红色文化传播互动机制，拓展红色文化传播渠道，充分发挥各种媒体的互动优势。对于图书馆、博物馆等物理空间的信息传播，政府必须加强网络空间的覆盖和新媒体技术的应用，构建红色文化的立体化网络传播体系。例如，广东惠州图书馆开展数字化改造，将物理空间拓展到网络的虚拟空间，建立相应的网站和论坛，充分发挥数字信息的可及性和存储性，有效提高了受众的阅读体验和效率，成为当地红色文化传播的重要阵地。进一步挖掘红色文化在互联网中的作用，加大美术宣传推广力度，提高虚拟空间利用率。

（三）积极发挥媒体的社会导进功能

由于红色文化传播长期以来都是由政府主导的，即使进入互联网时代，很多媒体依然保留着不主动传播红色文化的习惯，这在很大程度上影响了红色文化的传承与创新，且未能对受众的精神文明发展产生积极作用。媒介应响应党和政府的号召，充分认识红色文化在我国革命和建设阶段的作用，挖掘其蕴含的文化价值和社会功能，调动传播的积极性。以微博、微信、QQ为代表的新媒体，有着用户数量庞大的特点，信息通过这类平台传播，容易在短时间内引发轰动效应，继而对每个受众形成深刻影响。新媒体需要主动担负起社会责任和历史使命，而不是过度追求经济效益。例如，新媒体可以改变说教式的文化教育，大量引用实证实例，并结合受众需求，在潜移默化之中感染受众，也可以与政府合作，积极发挥舆论引导作用，大力传播正面的、具有时代价值和意义的红色文化，为我国国民素质的提高、社会主义核心价值体系的建设做出贡献。而随着网络时代的到来，各种新媒体和传播技术层出不穷，改变了原有的传播环境，红色文化的传播模式、传播内容和媒介都产生了很多变化。

（四）创新宣传方式，提升红色文化资源影响力

一是拓展多元化传播渠道。在传播方式和渠道上，更多地运用数字媒体技术、网络社交媒体平台等，更好地推广和展示红色文化。开辟宣传红色文化的特色化网络专栏，开辟网上学习、交流等互动性、参与性活动。

二是创作更多精品力作。

三是举办红色文化主题活动。结合重大事件、重要节日庆典，面向老、中、青等不同群体，特别是吸引周边大学生参与，不定期开展红色文化研讨会、红色发展论坛、红色文化讲座和演讲等红色文化主题活动，加强红色文化的理论研究。

三、乡村振兴的宣传机制也存在不足

（一）参与范围窄

乡镇党委政府十分重视加强对党员干部和群众的理论政策学习，通过多种方式和途径对乡镇机关干部、乡直单位和村"两委"主要干部进行思想理论武装，对群众适时进行政策法规宣讲教育。广大党员和群众十分渴求学习和把握当前的发展形势及政策法规精神，但参与面相对于乡镇广大党员干部和群众而言显得比较窄。

（二）转移速度慢

由于传播媒介、传播手段等多方面因素的限制，比如会议、电视和广播，许多重大政策理论、法律法规不能及时、便捷地贯彻落实和传递给群众，对许多工作和舆论的发展造成了一定程度的负面影响。

（三）学习内容很少

对于政策、理论和法律法规的学习，乡镇主要依靠集中会议学习和规划

当前的重点工作或重大政策，往往缺乏系统、全面、深入的学习，这对有效提高党员干部理论水平和培养群众工作实践能力有明显障碍，导致群众积极认同和拥护重大政策理论，积极参与经济社会发展存在严重不足。

（四）大众参与率低

在乡村振兴中，群众要发挥主体作用。调查发现，不少村寨出现了"干部急，群众不急，干部干，群众看"的现象。很多人认为振兴乡村是政府的事，是上级的要求，与自己无关。对于一些有利于自身利益的项目，政府给钱就做，不给钱就不同意，甚至阻挠。群众积极性不高，主人翁意识不强。这样一来，上热下凉，乡村振兴的一些工作很难进行下去。

（五）工作作风不扎实

一些干部特别是少数村干部作风不扎实，在工作中不思前想后，得过且过，遇到问题不愿接近，不愿思考，畏难情绪严重，不主动，不积极，没有真正实现政府和农民主体利益的有机统一，存在"靠墙晒太阳，等着别人送走"的现象等，"等靠要"的思想严重。还有些干部，思想不解放，干事没激情，遇事躲躲闪闪，不担当，不作为，决策时怕这怕那，工作停滞不前，乡村振兴工作推进慢。

（六）支持有限

乡村振兴直接关联单位实力不强。有的单位能够提出全年分阶段支持乡村振兴的思路和政策，有的单位重视不够、支持力度不够、无所作为。

（七）投资太少

发展需要资金，需要筹集资金。资金来源主要有三种：地方支持、政策支持和外部资金。外来资金是乡村振兴的主力军，资金不会无缘无故地来，项目需要打包并向外界推广。

（八）人才不足

乡镇宣传队伍存在接班人人才短缺，以及现有人员素质和能力不能完全适应新形势、新要求的现象，主要表现为三多三少："半路出家"多，新闻、汉语言文学专业班少；更多兼职，更少全职；普通人才多，专业人才少。

大量乡镇宣传干部并非新闻相关专业出身，基本在乡镇其他事务中兼职。在现有人才中，从事理论说教和艺术创作的专业人才相对较少。以乡镇为例，一名专职宣传员，除宣传工作外，还需要参加村工作、人大工作、乡中心工作等，精力分散，疲于应付，一定程度上影响了宣传工作的推进。同时，由于宣传工作中干部换届快，一些新干部在农村工作的经历短，对党的基本路线、基本理论和国家大政方针不了解，把握不扎实，开展工作时往往没有思路，找不到重点。

（九）宣传工作方式单一

会议自上而下，多以挂口号、拉横幅、做报告为宣传工作的主要手段，不善于运用互联网的新技能、新方法开展工作。村民对党和国家政策的了解仅限于广播电视，党和国家的政策难以及时准确地传达到干部群众的头脑中。在宣传阵地上，文化大礼堂利用率不高，农村宣传活动较少。

四、乡村振兴的宣传机制改进方法

乡村振兴宣传机制不完善是当前亟待解决的问题，最重要的是团结群众，完善机制，营造良好氛围。

（一）健全运行机制

根据模块和村的分工，在每个村、每个部门安排专门的宣传人员，宣传人员按村分为小组，确保宣传材料合理、安全；按照"谁经手、谁负责、地方管理"的原则，把宣传工作放在重要位置，明确岗位和人员，确保工作落实到位。

（二）完善奖励机制

将宣传工作成果纳入干部年终考核，科学制定奖惩制度，进一步发挥干部的主观能动性，营造团结奋进的宣传工作局面。

（三）建立与新闻单位的长期联系制度

坚持"请记者进来"，邀请记者上门采访，为宣传提供便利。坚持"走出去"，虚心向新闻机构学习。可以的话，安排新的宣传工作者向新闻机构学习，提高从事宣传工作的能力。

第三节　群众红色文化意识薄弱

红色文化是马克思主义基本原理同中国具体实际相结合的精神结晶，是对中华优秀传统文化和世界优秀文化的继承、发展与创新。它彰显马克思主义的先进性、真理性，是中国共产党的信仰、制度、作风、道德、革命精神、革命传统等的综合体现，具有鲜明的民族性、科学性、大众性。

在多年革命、建设、改革的伟大实践中，中国共产党带领人民创造了独特的红色文化。红色代表着希望、胜利、创造、勤劳、勇敢、自力更生、艰苦奋斗、不怕流血牺牲等，是中国共产党价值追求和中华民族精神内涵最生动的象征。

随着经济全球化步伐的加快和改革开放的不断发展，全国青少年的思想表现出多元化的趋势，其中不乏一些令人担忧的思想，如价值观倾向功利化、道德意志薄弱、受到西方腐朽思想的不良影响逐渐增加，从而导致对传统美德的认同度滑坡，等等。这样一来，红色教育在学生思想政治教育中的重要性越来越明显。

红色文物、红色景区等是重要的红色资源，承载着一个个闪光的历史记忆，是重温党的辉煌历程、传播革命文化、传承红色基因、培育家国情怀的重要载体和平台。

当前，少数地方在对红色文化资源的开发、保护和利用上存在诸多问题，如有的地方对红色资源的保护意识薄弱，法规制度不完善，多头管理、职责不清、监管不力，经费投入不足，专业人才紧缺，导致红色资源得不到有效保护。

历史文化遗产是一个民族在历史长河中留下的瑰宝，是民族精神的载体和民族文化的象征。保护好这些遗产，就是保护中华民族薪火相传的精神力量，就是保护中华民族生生不息的内在动力。

保护红色资源刻不容缓。要加强宣传，引导全社会充分认清红色资源的重要政治价值、历史价值、教育价值，自觉树立红色资源保护责任感和紧迫性。尽快制定完善红色资源开发和保护的法律法规，通过立法，树立保护意识，规范保护行为，强化保护效果。抓紧做好普查，分类制定好保护规划、保护方案，实施好保护措施。可以引导和鼓励社会力量及民间资本广泛参与保护、积极投入保护。同时，加强红色文化遗产的数字化保护，建立爱国主义教育基地网络平台和数据库，让红色资源得到永久保存。

红色资源的珍贵价值不仅在于它的历史光辉，还在于它在当下依然能带给我们思考和精神滋养。做好新时代红色资源保护与利用工作责任重大、意义深远。

红色教育是以红色作为时代精神内涵的象征，对时代的传承者来说，务实的落点在于教育，呼唤有志青年挑战自我、奉献社会的一种崇高精神，是在中国共产党的领导下为实现革命精神的传承、促进社会主义现代化建设过程中形成的观念意识。当今社会必须加大在青少年中大力开展红色教育的力度。对青少年进一步进行红色教育，是新中国成立前后党创办并发展教育事业的重要经验之一，同时也是青少年了解社会、走向社会的需要。青少年群体阅历较浅，涉世未深，正处于世界观、人生观和价值观的形成时期，红色教育可教他们了解中华民族和国家的苦难史、奋斗史，了解中国共产党领导人民求解放、求发展的历史和中国革命胜利史，使他们清楚地认识到只有知国才能爱国，知之深才能爱之切，激发其民族自尊心和自信心，从而消除历史虚无主义和民族虚无主义的错误思潮对他们的负面影响。政府应在因地制宜统筹规划的同时，广泛利用新媒体进行宣传。在各地区不同的红色文化基础之上，进行有针对性的合理规划和全面统筹。督促各地区政府积极制定红色文化开发计划书，广泛听取学术界的建议，寻找第三方机构进行可行性分析，为红色文化的挖掘与传播制定科学的参考依据。此外，要强化品牌特色，塑造品牌形象，进一步开发各地区红色文化资源的价值。

目前，我国的红色教育仍有三大问题亟待破解。

（1）大学阶段教育薄弱。中小学阶段，学校常组织集体性的扫墓、观展等活动，但大学阶段，随着教育形式与学校教育规模的变化，学校组织集体活动难度增大。目前高校开展红色文化教育的基本方式不外乎看红色影视、听革命传统报告，导致大学生对此共鸣与认同度不高，甚至连参加人员都需要导员强制要求以凑人数。

（2）模式大同小异。从已开发利用的红色教育资源来看，模式多简单重复，大多停留在遗址参观、图片展示和橱窗式实物陈列，难以对群众产生较强的心灵震撼。

（3）教育理念脱离时代。目前多数红色教育基地形式仍以传统宣传教育为主，有少部分实践则是以"重走长征路""再尝忆苦饭"等形式，不但难以形成共鸣，更存在脱离时代、不贴近生活的问题，严重制约了教育效果。

因此建议：①强化大学阶段教育。大学生时期是青年世界观塑造的关键时期，建议各高校将红色教育纳入必修课，强化学生爱国主义思想教育，保证学生思想不出偏差。②丰富教育模式。建议加大影视作品审核与投入，严把红色影视作品质量，催生出新一批《战狼》《红海行动》类的红色主题影视作品。③加强红色教育与时代的结合。将时下热门的真人 CS、素质拓展等内容引入红色教育园区，增强园区趣味性与时代感。

红色文化的传承具有重要的现实意义，红色文化不仅是革命精神与情怀的集中表现，更是国家记忆的重要组成部分。随着大数据时代的到来，红色文化的传承面临困境，需要对红色文化传承的困境与路径进行探究，以更好地促进红色文化的弘扬。

一、碎片化的知识结构难以全面认识红色文化

在大数据时代，信息的传播速度不断加快，信息量也在呈现海量般的增长。借助大数据在一定程度上使人们更容易获得知识，并且使得知识、信息的传播速度更快，范围更广，但同时带来诸多不可忽视的问题。这些信息间的因果性不强，呈现碎片化。人们每天沉浸在碎片化的信息中，难以分辨有用、有价值与无用、无价值的信息，更难以有深度地阅读。神经医学、心理学的研究表明，碎片化的信息、浅阅读的方式会对人的大脑进行重组，使人难以深入地思考和记忆。红色文化的真正价值在于其中蕴含的丰厚的思想资源及精神价值，传承红色文化的本质是将红色文化中的精神内涵、思想价值发扬出来，并赋予其时代意义，这需要对红色文化进行全面的认识。在大数据时代，碎片化的思维结构难以认识到红色文化的本质内涵，只是对红色文化的一种肤浅性理解，难以实现深层次的贯通。

二、迷失的主体难以承担对红色文化的传承

第一，信息量迅速膨胀。在大数据时代，信息量前所未有地增加，人们每天都在大量信息的包围中。这些信息虽然数量庞大，却是零散的、碎片化的，不具有系统性和整体性。主体虽然可以掌握大量的信息，却难以获得充实感，被焦虑所困扰，主体意识逐渐在数据信息中迷失。

第二，信息传播快速提升。在快节奏的信息更替中，主体被淹没在数据洪流之中，应接不暇、身心疲惫，对信息的反思意识不断下降，最终只能被动地接收信息，使自身意识受到信息的支配，陷入快节奏的信息逻辑中，迷恋于对"速度"的追求，遗忘了对真实世界的探索，深陷数据信息的虚幻之中，主体意识逐渐丧失。

第三，使人精神"幼稚"。在大数据时代失去了自我意识的人难以再对整体、精神、本质进行完全的认识，更不能洞察到事物之间的有机联系。在

大量的、快速更新的信息中，逐渐失去了识别能力，历史感下降，从而变得盲从、随波逐流，情绪容易受到数据信息的控制，精神世界正在瓦解。在大数据时代，难以形成独立的精神，更不能对人类文化进行深刻探究，精神上正在走向"幼稚"。在对信息最大化拥有的背后，其实是自我精神追求的停滞。

三、缺乏真实现场的红色文化影响力减弱

随着大数据技术的不断推广，红色文化的传播方式与数字媒体相结合，依靠数字技术进行传播的红色文化日益碎片化，红色文化自身的整体性、系统性不断被"切碎"，再经过重新组合，形成零散而不具有整体性和结构性的碎片化信息，这些信息之间没有紧密的逻辑性。红色文化的传播越来越多地依靠微信、微博等数字化的新媒体，呈现出传播的信息生命周期较短、更替较快的特点，在传播形式上呈现同质化的趋势。在这种数字化、碎片化、信息化的言说方式中，文字本身逐渐从具体的情境、实践中抽离出来，变成了一种空洞的叙述，人们难以认识其中的精神内核与生命史实。

四、面对红色文化传承的路径，做到完善主体知识结构，全面认识红色文化

知识结构是主体认识外在事物的窗口，对事物的认识过程是主体自觉地运用知识结构对事物要素进行把握的过程。知识结构的形成，一方面是主体自觉行动的结果，另一方面是受到外界事物刺激和影响的结果。因此，需要主体自觉地采取行动，同时有效地运用外部刺激，对红色文化进行全面的认识。

新时代，对红色文化的传承不仅是一项历史性的责任，更是一项重要的社会工程。大数据技术虽然促进了红色文化的传承，但同时使红色文化的传承出现"空壳化""褪色"的现象，影响主体对红色文化的深刻理解。通过

对红色文化的传承进行哲学的反思，使大学生真正做到传承红色文化，并在中国特色社会主义的建设中发挥更大的作用。

面对红色文化意识薄弱的问题，政府应为各地区红色文化的挖掘提供政策和经济上的支持。尽量满足各市、县推广宣传红色文化资源的合理需求，为红色文化的传播营造良好的文化氛围。同时，应给予一定的资金支持，通过高等教育投入，不断为红色文化的传播提供专业化人才，通过基础建设投入为红色文化的传播提供配套设施。另外，在各级机关和相关执行机构中扮演好协调监管的角色。红色文化价值的开发涉及教育、文化、旅游等诸多领域与部门，各级行政部门应明确各自的分工与职责，强化各区域间的联系与合作，推动管理体制的完善，制定一系列保障机制，充分调动各方的积极性，强化地区资源的优势互补，合理分配参与方的利益，提高红色文化价值的利用效率。

政府还应制定、完善相关法律规章。国家立法部门应充分听取不同建议，综合考虑各方利益，制定有利于红色文化发展的法律法规，优化各地的文化传播环境。丰富文化传播方式，全方位展现红色文化魅力，教育主管部门可将本地区的"红色故事"整理后纳入教学计划，将其编制成爱国主义教育教材，从而有效弘扬红色文化。

文化部门可以通过编排具有鲜明民族特色的戏曲和舞蹈、定期出版与红色文化相关的各类刊物等形式，体现红色文化与中华文化的交相辉映，加深人们对红色文化的了解，提升民众的文化素养，促进红色文化的大众传播。各地还可以根据自身的财政能力，不定期举办一些弘扬红色文化的展览活动，加强红色文化的影响力度。展览应注意动静结合，既要有主题鲜明的宣传图片和脉络清晰的文字故事，也可以放映具备感染力的影片，还可以准备一些互动体验项目，进一步加深群众对红色文化的体验和认知。

政府应在政策和资金上给予足够支持，保障红色文化从业人员的在职培训。同时，要鼓励文化学者、红色文化传承者进入基层宣传红色文化，给予在红色文化领域做出特殊贡献的杰出人员奖励，调动文化工作者的参与热情。

此外，在专业人才的培养上要突破现有模式，制定高级文化人才培养方案，构建文化人才的终身学习平台。有针对性地在多方面进行改革，创造有利于人才培养的外部环境。同时，吸引更多高校参与到红色文化人才的培养工程中，利用高校丰富的教学资源开办红色文化培训课程，实现红色文化专业人才的批量培养，保证红色文化人才具备较高的综合素养。

红色文化在当代社会具有思想、经济、文化等多重价值，在民族复兴和实现"中国梦"的关键时期，对红色文化当代社会价值的研究意义重大。红色文化不仅体现了中华民族共同的价值追求，也是中华民族的文化根基。随着时代的变迁，社会价值也在发生着相应的改变，这就需要一代又一代的中国人不断探索和创新，为社会价值的实现贡献力量。

第四节　乡村人口流失，缺乏专业性人才

如今农村人口流失，"空心村"现象特别严重。改革开放以来，城镇化的脚步加快，大量的农民前往城市发展，也就是我们俗称的"农民工"，而到了后来，就已经不仅仅是农民工了，农村人都把在城市稳定发展当成自己的人生目标。于是农村自然就被大家放下了，与城市之间的差距越来越大，慢慢地大家开始接受了这个事实，仿佛眼里只剩下了城市。随之而来的更大的影响体现在农村的方方面面，在土地方面，出现了越来越多的抛荒地，种田的农民渐渐地变成了老一辈，年轻人都不愿待在农村。

在生活方面，农村也越来越闭塞，和外界的联系越来越少，大家也越来越"讨厌"农村。"空心化"的现象越来越严重，出现了大批的农村留守老

人、妇女、儿童，如此循环往复，但一切在近些年开始变了。

第七次全国人口普查报告出来后，有一个比较令人担心的问题，男女比例有点失调，男性多出3000多万，还有城镇化速度加快，农村人口减少得比较多。

那么，照这样加快的农村人口流出速度，未来传统农村会消失吗？

毫不危言耸听地说，现在很多农村已经开始消失了，生活在农村的人越来越少，一些农村只剩下破败不堪的农房，人口也越来越少了。

很多经济落后、交通不是很便利的农村已经开始逐步消失。

农村消失与否和出生率没有多大的关系，因为相比于城市来说，农村的出生率还是稍好的，就算出生率上升也阻止不了一些农村消失的事实，因为一些农村消失和农村的现实情况息息相关，与出生率关系不大。

（1）经济发展状况不佳。在农村走访的时候发现，越是经济落后的农村消失得越快，人员流出越多，由此形成恶性循环，加速了农村消失。

（2）年轻人流失。现在愿意留在农村的年轻人越来越少，更多的年轻人被大城市的工作机会、基础设施、经济收入等吸引，这样会造成农村消失速度加快。

（3）耕地已经无法满足农民需要。在农村走访的过程中发现，很多40~60岁的农民选择外出打工，很大程度上是因为土地对他们已经没有了吸引力，仅仅依靠种地无法满足自己的生活需求，这样也造成了农村人口流失。

国家大力开展新农村的建设，农村的"好"开始被大家发现，大家会觉得农村没有那么拥挤，更适合居住。农村交通等各方面的变好也带来了很多商机，物流、电商等都涌入了农村，但农村并不会因为他们持续地变好，因为对于他们而言，待在农村更多的是利益，而不是真正为了农村的发展，那么农村未来的出路在哪里呢？城市上演"抢人"大战，农村怎么办？

事实上，多年来许多人对城市化有一个误解，大家认为城市化就是在扩张城市的规模，逐渐淘汰乡镇。其实这种想法是错误的，虽然城市化进程中确实有大量的乡镇人口流入城市，但并不会直接导致乡村被淘汰。

截至 2019 年底，中国城市常住人口为 8.48 亿，城市化率超过 60%，达到了 60.6%。综合考虑到中国的国情和生活方式，中国城市化率的顶点预计将达到 70% 左右，所以中国城市化已经接近尾声，或者说将要进入第二阶段。

第一阶段，农村人口怀着对城市生活的向往和工作需要，主要涌向东部发达地区和大城市，经过几年的城市生活，有些人适应并且定居了下来，但依旧有一些人无法适应大城市的节奏和强竞争力而离开了。

第二阶段，城市人口分布会在国家的引导下进行调整，最后定型。首先是农村人口的回流，形成特色乡镇，其发展将随着劳动力的增长而增加。虽然与城市相比，城镇的基础设施确实相对落后，但近年来城镇并不是一点发展都没有。

要知道，许多城镇都有自己的特定产业，如果有足够的劳动力和人才，这些产业就能发展，到时候城镇应该会比现在发展得更好。在资本主义国家的整个城市化进程规律中，只有当城市化率超过 70% 时，才会出现城市化反转现象。2022 年末，我国的城市化率为 65.22。据估计，中国还需要 1.4 亿农村人口在城市定居。

但结合中国的国情和城市化进程，我国很有可能比资本主义国家早出现逆城市化现象。也就是 20 年后，中国的城市人口会流入乡镇。这主要是因为每个城市的容量是有限的，一些在城市生活得很好的人会定居，但也有很多人在城市生活的压力比较大，并且城市的生活成本较高，所以会有很多人回到乡镇。只要有足够的劳动力，拥有特定的产业，城镇就会发展出自己的特色。

同时，也有城镇发展成城市。据统计，截至 2009 年底，全国共有 1464 个县，855 个市。但到 2019 年底，还剩 1323 个县和 965 个市。因为在过去的 10 年里，废除了 141 个县，增加了 110 个市。

这是各大县城发展的大趋势，逐渐让县转变区，未来的乡镇在这个过程中不断发展，现代化基础设施越来越多，容易和周边城市联合起来发展。

未来农村可能合并，集中建设人口在1万人左右的村镇，原来的村庄将推平还农，加大农村基础设施的建设，公路建设到田头，村村通公交，提高农村的商业化水平，农村建设学校、医院、商店、娱乐设施，让农村的基础设施向城市看齐，让农民在家就能找到合适的工作。

与此同时，改革户籍政策也在加快，让人口流动更自由。尽快放开农村土地交易，只要监管有力，放开土地交易，能够加快农业集约化、集团化发展的步伐。不用担心失地农民的就业问题，村镇集中后，商业兴起，服务业将会创造大量的就业机会。

第五节　红色文化资源挖掘形式化

红色资源是祖国的精神财富，人无精神则不立，国无精神则不强。所谓"红色资源"，也就是革命时期留下的革命遗址、革命文物、革命人物的精神等珍贵资源。红色资源作为优良传统和革命精神的记录，无论岁月如何更替，无论任务如何转换，无论条件如何变化，都是激励中国共产党人和中华民族百折不挠、奋发图强的巨大精神动力，始终是激励革命军人勇往直前、不怕牺牲的强大精神支柱。

群众可以参观这些红色资源接受爱国主义教育，红色旅游就是参观红色资源的旅游。中国的许多红色资源基地，真实记载了中国共产党的领导性，中国共产党领导人民为争取民族解放和独立而奋斗，书写壮丽篇章、创下丰功伟绩。这些红色基地，蕴含着丰富的政治思想和历史文化内涵，具有广泛的代表性和影响力。21世纪以来，尤其是中央《2004—2010年全国红色旅游发展规划纲要》实施后，社会各界开始重视红色资源的开发与利用，红色资源挖掘取得一定进展，促进了当地经济社会的发展。但是，红色资源的开发同时也因为一些因素制约着红色资源建设的健康发展。

一、保护形势严峻

年久失修的革命遗址受到较为严重的自然与人为损坏，大量民间的革命物品未受到保护和管理，有的省保存不善或已损毁的革命遗址甚至占总数的40%。从已经开发利用的纪念场所看，多数布展陈列内容比较简单粗糙、特色不突出。如今随着旅游行业的持续发展，旅游者们已经不再对透过玻璃、耳听人言的陈旧模式感兴趣，这些不足以吸引游客。许多省市的红色文化资源保护意识淡薄，保护措施不当，使得红色资源呈现出逐渐消失和碎片化的现象。还有一些红色文化资源，比如红色歌曲、地方档案资料、红色书籍以及关于红色文化资源的报刊的留存都不多，因此，加强红色资源的保护十分重要。

二、红色文化资源宣传形式单一

当前，众多纸质媒介在宣传形式和内容行动上缺乏灵动性，电子媒介时间短、呈现渠道单一，许多革命博物馆的展览也趋于模式化。这些宣传方式在营造氛围和表达内涵以及互动等方面缺乏吸引力，跟不上潮流，很难触动人们的内心，很难震撼大众。因为红色文化资源年代久远，并且挖掘力度不够，当代青年对红色文化关注和感受不深，无法在心底深埋文化种子。

三、管理体制不顺

一些红色资源景区由宣传、民政、文物、旅游等部门多头管理，条条块块分割，很难整合资源；许多省市即使建立了稳定协调的工作机制，也由于运行不畅，或政出多门，互相争利，缺失管理，推诿责任。

四、红色文化资源的开发利用程度较低

许多地方政府不重视红色文化资源内涵的挖掘，开发利用明显不足，大量红色文化资源以博物馆等静态陈列为主，没有把红色文化的现代价值进行深度挖掘并与产业融合，立体开发。比如文登天福山革命遗址，只开发了一个纪念馆，如果把当地富有特色的乡村旅游与休闲农业联合开发，会有更大的吸引力。对红色文化资源进行全景式、立体式、延伸式的采集、储存、处理、展示、传播等是对红色资源的抢救式保护，同时是传承红色基因、发展红色文化的新途径。

要引导学生，教育全党人民传承红色经典，延续精神血脉。在庆祝中国共产党成立100周年大会上，习近平总书记再次强调，要继续弘扬光荣传统、赓续红色血脉。中国人民的奋斗史孕育了弥足珍贵的革命精神，滋养了厚重的红色文化。红色基因在祖国大地生根发芽，激励和鼓舞着一代又一代人民战胜艰难险阻、夺取革命胜利。因此，在全面深化改革、祖国越发强盛的情况下，我们要提高政治觉悟，坚持红色文化资源保护挖掘。

一方面，中国共产党人在长期奋斗与发家致富中构建起属于共产党人的精神体系，磨炼出鲜明的政治特征。教育群众干部以及平民百姓要深刻了解和认知红色革命和红色经典的来之不易、新中国成立的不容易、中国特色社会主义的重要性。另一方面，历史是镜子，是最好的教科书，是最丰富的营养剂。我们要开展好革命史教育，在党史学习的同时关注引导广大干部群众从党的优良传统、红色基因、革命精神中汲取丰富营养，赓续红色血脉，广泛凝聚共识，汇聚起推进祖国全面深化改革开放的磅礴力量，努力打造当今世界最高水平的开放形态。

着力统筹规划，深入系统挖掘红色文化资源。红色文化资源积淀深厚，挖掘、研究、传承工作涉及多个地区、部门和行业。在专业领域中，不仅涉及历史学、语言学、文化学，还有马克思主义理论和政治、经济、社会等一

系列学科。可以说，这是一项复杂的系统工程，应树立全国"一盘棋"理念，推进统筹规划、合力实施。

第一，要开拓领域、延续经典、延伸脉络。坚持以马克思主义历史观为指导，深化重难点，着重强调"空白点"，统筹研究、探索、梳理马克思主义在中国的影响以及可以应用在全国的地方，了解马克思主义在中国早期的发展史、党在腹背受敌下的奋斗历程和红色资源文化的发展脉络。在深入了解探索了共产党人那段革命斗争史以及在奋斗下所形成的革命武装精神和红色基因脉络的同时，强化早期史料的挖掘、收集、整理和研究，让群众干部更好地反馈、深入理解红色革命的产生和党的革命精神形成的过程与基础。要深化对红色基因传承、结合新的历史条件所形成的一系列精神的研究。在党中央的坚强领导之下，埋头苦干、无私奉献、一马当先、勇创奇迹，塑造紧跟时代潮流的精神支柱动力。我们要提高政治思想和思绪认知，根据祖国红色资源文化的状况与特点，做出顶级设计理念，探究出有利于全国红色文化发展的投入性规划，明确好发展目标和工作人员部门职责，分阶段分步骤系统推进祖国红色文化传承工作。

第二，深入挖掘红色文化资源就要在一批高质量的本土红色教材上体现。高度重视发扬对部分地方党史以及发展史、革命史等资料的整理收集和探究，整理累积的硕果，为开展党史学习教育奠定坚实基础。从全国当前发展看，仍然要提高对红色文化教材的编纂、内容的巩固和扩充。相关行业要联手开展调研，按照国家规范要求编修一批高质量、成体系的本土红色教材，通过一系列教材讲清楚地方党史、革命史的脉络，通过书籍给所有读者尤其是学习党史的学生们更直观的感受，使其更加深刻地了解红色文化资源的基因和脉络，让学生们明白为什么坚持中国特色社会主义，为什么坚持马克思主义理论体系，为什么要成为世界大格局国家。我国相关部门要凝练要探索，在书籍中明确地显示出这一系列精神的内涵和时代意义，整理好精神体系和党的发展史的历史逻辑、理论逻辑和实践逻辑，为提高精神动力、建设富强民主文明和谐美丽的强国做贡献。

第三，建设一支高水平的专家团队。对国家红色文化资源的深度挖掘和开发，对所有这些红色文化发展的宣讲，都离不开高水平高标准的专家团队的贡献。在这个宣讲走遍天下的时代，应高度重视对专家的培养和利用。因此，建议相关国家部门在全国省市设立相关专家团队，国家在资金和政策等方面给予支持；在时机成熟之时共建"红色专家团队"，为全国开展党史学习教育、弘扬红色文化精神和传承红色文化提供人才支撑。

第四，培养一支综合素质高的讲解员队伍。地方党史、革命史上的每一段光辉历程、每一处先驱足迹、每一个红色故事，都需要讲解员面对面地向干部群众讲解。特别是在革命根据地旧址、烈士陵园、纪念园等开展现场教育培训，更需要讲解员的讲解，使旅客可以更加直观地感受那段辛酸历史。培养一支高素质的讲解员队伍，是国家开展革命传统教育、传承红色文化的紧迫任务，应引起相关部门重视，着力创新讲解员管理使用的体制机制，多措并举加快补齐短板。

第五，发展一系列"红色之旅"线路。要从小抓起红色文化资源之旅，知识灌输固然重要，但情感培育更是不可或缺，应使红色基因渗进血液、浸入心扉。"红色之旅"有利于传承红色文化基因。因此，国家相关部门可以加强引导策划，在全国设点、全国围线，特别要依托、要衬托国家革命、建设和改革各个时期的红色基因，在国家政策允许的基础上，深入挖掘一批红色路线图，寓学于游，让红色资源转化为精神力量和物质力量，引领群众干部尤其是广大青少年树立正确的世界观、人生观、价值观。

国家领导人多次到西柏坡、韶山、瑞金等革命圣地学习考察，强调要坚持不懈地学习中国革命史，进一步从历史和现实的比较中加深对中国国情和中国特色社会主义道路的理解及认识，进一步从理论和实践的结合上增强贯彻党的基本理论、基本路线、基本纲领、基本经验的自觉性和坚定性，进一步结合新的时代条件发扬光大我们党在革命战争时期形成的光荣革命传统。

红色资源是经典，是使命，它作为一种承载了中国共产党波澜壮阔的革命史、艰苦卓绝的奋斗史、可歌可泣的英雄史的重要资源，蕴含了中国共产党人的崇高理想和坚定信念，展现了革命先辈的高尚品德，继承了中华民族的优良传统和民族精神，反映了中国人民捍卫民族独立、国家尊严的责任感和使命感，构成社会主义核心价值体系的重要内容，是世界观、人生观和价值观教育的鲜活教材。

红色资源是我们宝贵的精神财富，我们不只是要永远地守住红色文化，而是要在守住文化的基础上传承经典，红色文化见证着我们党波澜壮阔的革命史、艰苦卓绝的奋斗史、可歌可泣的英雄史。在党史学习教育中，要充分理解运用红色资源，教育引导广大党员、干部坚定理想信念、牢记初心使命，做到在复杂形势面前不迷航、在艰巨斗争面前不退缩。所有陈列的革命遗址，就是开展党史教育丰富生动的教科书；生动感人肺腑的红色故事，就是淬炼初心使命最好的营养剂。如今，祖国的一些省市对红色资源的保护相对不够，利用方式也比较单一。改变这样的局面，要在加大保护力度的基础上，坚持以社会效益为主，广泛激发红色资源效能，持续扩大教育受众，真正让红色资源活起来、红下去。

利用好红色资源，就要在保护开发上下功夫。"对于红色文化资源，我们既要注重有形遗产的保护，又要注重无形遗产的传承，大力弘扬红色传统。"发挥红色资源教育功能要在保护开发上下功夫，建好红色阵地，扛起传承红色基因的使命担当，让党的宝贵精神财富不断彰显新的时代价值。有效保护、开发、运用好红色资源，在保持原样原貌原色的基础上进行开发，最大程度地还原历史、呈现真实，以此唤醒人们的内心世界、思想灵魂。

（1）利用好红色资源，要在建立机制上下功夫。红色资源作为红色教育的重要载体，要纳入党建工作全过程，形成红色文化教育人、熏陶人、激励人的良好局面。建立红色资源保护机制，完善红色资源保护规划，做到应保尽保、应修即修，严防自然损毁和人为破坏，着力解决保护不力、管理不善等问题。结合时代发展的需要，加强红色文化遗产的数字化保护，让红色资源得到永久保存，不断赋予其新的时代内涵，创造出新的教育资源成果。

（2）利用好红色资源，要在开展教育上下功夫。红色资源是最生动的教材，要充分利用重大纪念日、重要活动、主题党日等时机，到红色馆场、革命圣地开展红色教育，形成系列化、系统化的教育活动，切实让红色基因真正融入党员干部的精神血脉中。利用红色资源加强对青少年的红色教育，推动红色文化进学堂，让广大青少年学生受到红色文化的熏陶，增强民族自信心、自豪感，增强勤奋学习、报效国家的责任感、使命感，把红色基因一代代传下去。"为有牺牲多壮志，敢教日月换新天。"一代人有一代人的梦想，一代人有一代人的使命。

（3）利用好红色资源，深入挖掘红色文化资源，要在打造上花力气。如今，红色资源正成为一道旅游的风景线，革命年代里的革命故事、革命烈士与革命道理正成为旅游资源上的重头戏。因此，想要深度挖掘红色文化资源，就要花人力、斥巨资提高文化力，感悟当下，面向未来，学党史、悟思想，利用信息技术和有声阅读平台，体验馆将红色书籍、党史图书、政治理论图书等压缩成可扫码听读的有声读物，结合移动互联网新媒体传播优势，实时更新内容。

在实现民族复兴的伟大征途上，我们要挖掘红色资源，发扬红色传统，加强红色教育，讲好红色故事，传承红色基因，赓续红色血脉，为新时代高质量发展凝聚磅礴力量，提供强大精神动力。红色文化的价值是多元的，红色文化的教育价值也是多方面的，其中内蕴的先进的思想、丰富的精神、优秀的特质等，为当代大学生的人格培养提供了思想保证、内在动力、精神支撑、有效范式、教育素材和行动指南。挖掘红色文化资源，弘扬传承革命传统。

当今国家对于红色文化资源挖掘存在形式化问题，挖掘力度不够，没有真正将红色文化资源应用到大众上。红色旅游正在成为越来越多游客的出游选择，各地红色旅游也面临着文化内涵挖掘不够深入、形式单一枯燥、精品意识不强等问题。讲好红色故事、增强文化内涵，创新发展形式、促进业态融合，成为推动红色旅游高质量发展的关键所在。红色文化资源需要我们深入挖掘，将其列入国家重点开展活动，作为中国人，我们有责任与义务保护与挖掘中华红色文化资源。

第三章　吉林省红色文化资源与
乡村振兴融合机制的建立

第一节　乡村振兴与红色文化资源内涵的
多维价值彰显

一、乡村振兴战略的内容及意义

中国共产党第十九次全国代表大会提出了国家乡村振兴战略，是党领导和决心实践新千年发展理念，建设国家现代创新型国家战略部署的具体与生动体现。中共十九次全国代表大会总结报告明确提出，必须始终坚持有效解决当前农业、农村、农民战略问题，该问题始终是推进全党工作大局的首要任务。中共中央将乡村振兴战略放在关键地位，因为它是一个与国民经济和民生有关的大问题，也与中国能否实现"两个一百年"目标，与中国农村未来改革发展方向的选择和农民的发展命运有关。也就是说，乡村发展振兴问题不仅是当前农村的实际问题，也是中华民族伟大复兴的发展问题。

在中国新时代发展战略框架的指导下，探索中国农业和农村发展与振兴的特色优势，是新形势下非常困难、具有强烈挑战性的新战略课题。从党的十九大经验报告精神、中央农村工作会议和习近平总书记关于实现农村经济振兴跨越的一系列重要指示讲话中，我们可以看到，新时期乡村振兴战略是一系列基于时代新思维、新时代理念、新思路方法、新视野发展的社会主义伟大战略。

如果不能自觉站在新时代国家的政治高度，以社会主义新思维理论为思想基准，组织实施乡村振兴战略，那么乡村振兴战略决策很容易犯一些致命的方向错误。乡村振兴战略是对马克思列宁主义的继承和发展，在融合和传承红色文化和传统文化的同时，应结合具体国情、社会主要矛盾和共同繁荣的基本要求，思考如何进一步解决农业、农村、农民问题。乡村振兴的内容包括基层组织建设、特色产业、生活环境、地方习俗等方面，这些方面在红色文化资源的挖掘和利用中发挥着不可替代的独特作用。

全面扎实推进西部乡村振兴，必须始终以乡村特色资源为基础，因地制宜，创新发展现代乡村度假旅游、休闲创意农业旅游等一批新兴产业或新业态。挖掘研究和利用乡村红色文化资源，可以直接促进地方特色产业发展，找到红色主题旅游资源，促进农村红色旅游振兴，大力宣传农村红色主题展览、红色乡村旅游、红色研究产业形式的发展，指导和鼓励农民发展特色种植及水产养殖，让群众分享乡村振兴的发展成果。

在党的十九届五中全会期间，再次正式提出了"优先发展农业农村，全面推进农村振兴"的口号。这一次，正好与党提出的"实施乡村振兴战略"和讨论思想的精髓一致。农村的全面协调振兴，不仅要塑形，更要铸魂。文化阵地建设的振兴升级是全面深入协调统筹推进革命老区农村文明振兴升级发展规划的重要内容。其中，红色文化遗产建设创新项目是马克思主义和中国社会主义基本原则及经验相结合的又一个历史精神结晶，是一种对中华民族伟大历史、中华民族五千多年优秀文化、民族历史传统精神、道德文化内涵精神和我国五千多年文化精神传统的重大系统继承、发展和实践继承、探索和创新。当前党员干部应始终大力推进和坚定弘扬科学文化与中华红色文化，努力发挥好红色文化事业，在推动特色乡村经济、乡村振兴发展建设步伐中起到积极作用、组织带动作用与引领作用。

二、双向融合机制的特征及价值分析

（一）挖掘与丰富传统红色文化内涵，培育与弘扬美丽乡村创建和谐农村文明乡村生活社会主义新风尚

乡风生态文明村庄建设将是我们加快传统乡村面貌恢复振兴开发建设中最后一种重要的物质精神保障。红色文化始终是全体中国工农红军以及中国共产党的历史信仰、制度、作风、道德、革命先辈战斗牺牲精神、革命群众光荣传统革命基因等思想特征内涵的体现，其中包含红军继承革命历史崇高道德理想与坚定政治信念、深厚的爱国主义、反帝爱国情感、高尚的民族道德、爱国主义情感、传统文化和优良民族精神等内涵，它是我们巩固和继承优良风俗习惯和传统民俗文化可持续发展的思想文化源泉。培育起当代红色乡村新文明和新风尚，一定要大力加强全乡群众干部对历代革命英雄、模范事件及社会主义先进道德人物事迹与精神内涵培养，更深刻地进行全面深入的宣传挖掘和弘扬挖掘，为广大党员干部农民群众党员干部确立起历史标杆，并树立起学习榜样。

政府要切实结合工作实际，大力宣传和创作大量以中国传统道德农业、农村历史题材为创作故事背景和主题的红色历史影视文化作品，引发当代农村中广大基层党员以及农民群众干部产生道德思想的共鸣，令他们既真正感受到在乡村接受先进思想视听艺术和美的生活享受的魅力，同时受到中华民族历史文化精神内涵的滋养。

地、州、市要积极结合当地情况，大力推动倡导各地开展一系列旨在以

普及宣传和弘扬优秀社会主义传统革命历史经验、优良民族传统精神为主题形式的评比活动，使广大最基层农民群众能真正在实践中多接受先进红色文化的教育熏陶，切实努力创造条件，把中国传统的农村思想文化阵地和新型社会主义农民精神家园建设维护好、使用和传承利用好，走好革命思想文化教育道路，为进一步实现革命老区乡村经济的跨越与振兴发展奠定坚实基础。

（二）依托美丽乡村红色基因文化创新及传承，加强农村基层党建与实践及引领

治理秩序规范与有效管理推进一体化是促进乡村经济和谐文明振兴的基础。红色文化内涵是党坚持的团结领导全国人民群众共同推动我国无产阶级革命和推动社会主义事业改革开放发展中所探索与创造的，具有鲜明的民族特征和中国特色。红色文化基因的传承、发展与激活有利于中国乡村文化建设，要合力加快打造我国新型特色乡村经济社会综合治理新格局。

一方面，要切实创造条件，进一步努力建立、健全、加强、完善、理顺好村党委组织部门间统一工作思想领导、政府工作部门全面综合负责、党委农村工作部门综合落实工作责任的政府新型综合工作体制，完善并落实村各项基层政府规章制度、条例、办法和乡镇政府工作报告条例，加强各级组织干部对解决村级各类重大复杂实际矛盾问题所开展的专题调查，及时采取得力措施，切实解决当前村级干部在工作中遇到的困难，确保社会主义乡村经济综合振兴规划工作能够得以全面、扎实、高效而科学有序地向前深入推进。

另一方面，要始终持续有效地加强党组织对广大农村基层党员领导干部开展系列主题红色历史经典和文化学习教育，充分利用红色文化自身独特的文化影响力和广泛社会感召力，践行全心全意地为人民建设服务的宗旨，进一步强化艰苦奋斗和奉献社会主义的意识，化解当前涉及广大农民群众切身利益等重难点问题，继续提出一系列切实、有效和针对性的具体措施，让亿万基层农民群众得以更好地共享和谐发展新成果，赢得全体人民群众的充分鼓励、肯定、关心与支持。

（三）先进性

文化软实力，作为社会文化生产力总体水平变化的重要综合衡量指标之一，随着国家经济社会形势发展，产生了持久的历史影响力，并日益受到国际社会等各界关注，产生的经济和文化收效益发明显。文化兴，则国运强。文化作为支撑民族发展的上层建筑，对于引领人、塑造人发挥着潜移默化的作用。

（四）地域特色性

山水为骨脊，红色为筋脉，文化为灵魂，每一寸乡村土地都是一片古老厚重神秘的中国红色热土，都有着一段光荣悠久的社会主义革命斗争历史和独特灿烂的民族红色文化。乡村地区是一座精神富矿，伴随着红色资源开发利用程度的日渐加深，红色文化资源的丰富矿藏日益凸显。马骏、杨靖宇、刘英俊、王大珩、黄大年、郑德荣等英雄更是家喻户晓。东北抗联、"四战四平"等的影响力更是极为深远。吉林也是新四军中国共产党队伍早期作战活动中的一片重要地区，是东北抗日联军司令部的战略创建阵地、东北解放战争的战略发起阵地、抗美援朝部队的后援要地，也是新中国汽车工业发展的历史摇篮、新时期中国文化电影事业建设的战略摇篮、中国人民航空事业的历史摇篮。百年来，中国共产党带领中国吉林地区人民将士留下了无数个可歌可泣的动人革命斗争故事，感人至深、惊天动地的抗日英雄事迹和悲壮而激烈的革命战争史迹遗存，给吉林大地上的军民们注入了不竭的民族精神动力。

省委、省政府领导一直高度重视对红色资源项目的有效传承整理及继承弘扬、保护发展再利用及转化的创新工作，全省各地县级党组织通过不断创新，突出挖掘地域特色，擦亮并打造红色品牌，弘扬红色文化，赓续传承中华民族的红色血脉，助推吉林红色资源建设项目。

（五）可实施性

中国的革命队伍是从乡村巨变中走出来并成长的，乡村历史承载着中国革命岁月的珍贵记忆，大批年轻共产党人也在这片革命热土上谱写成了英雄壮歌。深入挖掘红色资源，传承红色基因，弘扬红色文化，给乡村振兴战略带来了新的内涵。目前，全国各省级行政单位共计确定有约69个建设实践基地，分布范围集中在黑龙江、吉林等9个省市，这些省级以下爱国主义活动基地在主要城市依托一些红色的革命活动根据地遗址、遗迹等设立。以吉林为例，2016年1月，除吉林以外还相继有8个省级经典红色文化景区都被正式编列入了《全国红色旅游经典景区名录》。这些省级大型红色爱国主义思想学习教育主题活动基地深入推进并宣传理想信念，使得红色文化精神深入人心，对于唤醒农民群众不惧艰难、顽强奋斗的品质起到了重要作用，同时促进了乡村振兴战略的实施和发展。

第二节　顶层设计、共享理念与红色文化创意产业兴起

在新时代，中国经济社会快速发展，国民收入持续增长，经济结构逐渐转型，对"吃饱、穿暖"的追求逐渐成为历史，人们对美好生活的向往和追求发生了变化，消费的重点也发生了变化。为了满足人们对更高层次精神生活的追求，适应国家发展和社会主义现代化建设的步伐，文化创意产业应运而生。文化创意产业建设不仅是满足人们对更高层次精神生活的追求，更是肩负着民族精神文化传承与传播的重要任务。因此，如何更好更快地发展文化产业成为近年来的热门话题。

一、顶层设计与红色文化创意产业

我国文化创意产业起步较晚，但基于我国巨大的市场需求，近年来呈现

出良好的发展势头。在高速发展的浪潮下，某些不良文化充斥着市场，占据了优秀文化发展的空间，影响了国人对事物正确的判断和理性思考的能力。这对我国的经济和精神文明社会的建设非常不利。因此，发展具有时代精神和社会价值的优秀文化成为亟待解决的问题。红色旅游是红色文化资源的第一新兴产业。但是，在红色文化资源的开发中，一些地区的旅游部门和当地居民缺乏保护红色文化资源的基本意识，导致文化资源的破坏。同时，许多红色文化资源处于偏远、经济不发达地区，开发难度较大。结合已有研究，笔者认为红色文化产业发展的不足有两个方面。

（1）一些地区红色文化资源保护不足。一方面，历史和时代的变迁破坏了红色文化资源。另一方面，片面追求利润最大化，盲目开发红色文化资源，使其过于商业化。具体表现为：居住在红色文化资源附近的居民对红色文化及其历史文化价值认识不足，存在肆意破坏文物的现象；一些革命遗址或遗迹，由于缺乏当地政府的重视，没有得到及时有效的管理和维护。

（2）红色文化产业发展不够深入。红色文化的产业化程度与红色文化资源的认可度和整合度有关，同时涉及开发利用的方式以及与其他产业融合的方式。具体表现为：红色文化产业之间缺乏联动效应；红色文化内涵不够深刻，红色文化产业形式单一；红色文化产业主要针对国内的老年人，在国际市场上缺乏宣传，因此受众相对较少。另外，红色文化相关产品种类少，红色文化产品分散，精品稀少。

红色文化是中国共产党领导的革命和建设在长期实践中形成的一种文化形态。它集科学性、先进性、时代性、革命性、创造性、民族性和大众性于一体，具有重大的政治、经济、思想和教育价值。充分挖掘、利用和发挥红色文化资源在加强及改进基层党的建设中的作用，有利于基层党组织应对各种现实挑战，建立和加强党员干部及广大群众对中国特色社会主义的价值认同、情感认同、文化认同、制度认同，增强中华民族共同体的基础，使其热爱中国特色社会主义事业，为实现中华民族伟大复兴的中国梦而共同奋斗。

红色文化作为一种特殊的文化类型，在内容和形式上都有特定的物质载体和丰富的精神指向。具体来说，可以分为物质的"红色文化"和非物质的"红色文化"。前者是有形的，后者是无形的。物质的"红色文化"指中国人民在中国共产党领导下，在从新民主主义革命到社会主义革命和建设的过程中所形成的革命文献、文物、文学作品、革命战争遗址和纪念地，如遵义会议旧址等。非物质的"红色文化"指中国共产党领导中国人民在从新民主主义革命到社会主义革命和建设的过程中相互作用和解决困难的知识、信仰、价值观、规范。红色文化植根于中华大地，是中国共产党人创造的革命文化，是中国革命胜利的强大动力和民族文化发展及升华的结晶，它体现了先进文化的前进方向，是我国极为重要的文化资源。因此，采取有效的发展战略，整合民族精神教育资源，发挥民族精神教育的政治文化价值，具有重要的时代价值。

要把文化自信和文化繁荣的重要性提升到新的水平，没有高度的文化自信和文化繁荣，就没有中华民族的伟大复兴。同时，要利用好红色资源，弘扬红色传统，传承红色基因。红色文化作为一种优秀的文化资源，历来受到党和国家的高度重视，并在社会主义建设和改革中不断得到继承及创新。就其特点而言，红色文化艺术资源分布广泛，具有广泛的针对性和适应性，同时呈现出不同时代的精神内核和表现形式。当前的社会经济发展也对红色文化艺术的发展产生了一定的影响，这就要求我们在红色文化艺术资源的开发上统筹安排，因地制宜，兼顾红色文化的时代性和多样性，开发更具时代性、民族性和实践性的红色文化产品。另外，随着社会文化多元化的发展和公众文化需求的不断提高，红色文化的传承与发展也面临着许多新的问题。总的来说，在新形势下，在红色文化与艺术的发展中，既要做红色资源的继承者，又要做红色文化的创新者。

红色文化艺术的现代发展，不是建几座红色纪念馆，修几处革命旧址就能实现的。如何开发红色文化与艺术资源，构建红色文化产业链，促进红色文化产业发展，需要付出很大的努力去研究，其中创造力无疑尤为重要。从创意文化的角度看，以创意和科技手段发展，以红色文化为基础的红色文化艺术，既能以创意的形式弘扬红色文化，又能塑造红色文化的风格，迎合时代的主流趋势和审美体验，塑造和延伸红色文化产业的空间，获得更多公众的认可。在经济全球化和多元文化思潮的背景下，红色文化的发展受到越来越多的关注，红色文化艺术资源的开发与建设得到了加强。从创意文化的角度看，红色文化艺术在发展的内容和形式上还存在很多问题：首先，目前很多地区的红色文化开发主要集中在红色旅游资源的开发和利用上，博物馆、遗址、纪念馆等静态的旅游内容在内容和形式上都比较单一，难以满足现代人的审美观念和公众消费心理，与市场需求存在一定的差距。有些地方对红色文化艺术资源的开发过于肤浅，缺乏对红色革命内涵的深入探索，时代特征不明确。多数表现形式采用单一的布局和展示，缺乏科学的整体规划和设计，表现手法千篇一律，难以提高文化的吸引力和感染力。其次，红色文化开发产业的品牌意识相对较弱。偏远地区红色文化资源较多，资金和人才相对匮乏，难以高效进行产业规划、整合和市场推广。红色旅游资源的开发与建设倾向于经济性和政治性，造血能力有限，品牌建设能力弱，品牌市场影响力有限。此外，红色文化艺术的内涵缺乏深入开发，产业互动合作不足，只是与影视产业、文化艺术产业等深度融合，红色文化资源的优势没有得到充分发挥，红色文化的精神和魅力也难以得到充分发挥。红色文化创意产业发展，要做到：

（1）明确定位，深挖红色文化内涵。对于红色文化艺术的发展，首先，要明确定位，厘清红色文化艺术的"脉络"，深入研究红色文化艺术的内涵，将传统历史研究与实地调查相结合，做好红色文化艺术资源的修复工作。在此基础上，加强对红色文化政治、历史、文化、艺术等内在特征的深入挖掘，提炼其精神内涵和价值。加强红色文化资源的整合，充分挖掘其文化艺术价值、历史价值、商业价值和教育价值，赋予其时代特色和内涵，提升红色文化资源的附加价值。其次，我们不仅要做继承者，还要做创新者。要以红色革命文化为龙头，与当地民间文化、生态文化、廉政文化等无缝衔接，构建丰富多彩的文化体系，让红色文化艺术的正能量无处不在。此外，在加强对红色物质文化资源的研究、保护和开发的同时，需要进一步加强对非物质红色文化艺术价值的探索，如对红色歌曲、红色文化精神、红色文学作品内涵的探索。

（2）设计组合，丰富红色文化产品。文化创意产品开发的核心价值在于满足人们日益提高的文化需求，顺应时代文化潮流。针对红色文化产品内容单一、形式单一等问题，应引入文化创意开发的理念，充分利用设计组合的方法来丰富红色文化产品显得尤为重要。因此，有必要打造红色文化重点品牌，充分展示红色文化艺术资源的历史价值、文化价值和教育价值。建议结合以下创意，开发具有特色的红色文化符号产品：①基于教育基地红色文化艺术资源，开发整合红色旅游产品，如革命文化观光体验产品、军事文化考察产品、革命道路体验旅游产品等。②充分依托互联网开发设计红色文化旅游 APP，为公众提供红色文化、旅游攻略等相关信息，借助新媒体开发红色元素微电影等媒体产品。③开发动漫、影视、游戏、音乐、舞蹈、美术等红色文化艺术产品。④开发设计红色文化主题玩偶、文化衬衫等个性化文化产品。此外，需要加强红色文化品牌建设，充分发挥创意文化的引领作用，推动红色文化产业化，培育具有地方特色的红色文化产业集群，提升红色文化产业内涵和可持续发展能力。

（3）创新形式，延伸红色产业链。与其他文化产业相比，红色文化产业除具有经济性和知识性的特征外，还表现出价值取向和激励。红色文化产业的发展需要从市场定位、资源配置、教育推广等各个方面进行规划和安排，构建完善的产业体系。这需要我们不断创新业态，促进地方产业的横向联动，加强业态与旅游等产业的融合，形成吸引力叠加，提升产业规模，丰富产业体系，延伸红色产业链。同时，红色文化资源的开发不能只局限于旅游开发等方面，更要看得远一些，延伸红色产业链，打造红色文化产业。如山东沂南县充分利用其红色文化的独特优势，重点发展红色文化体验和革命教育基地，深度挖掘红色文化艺术资源，创新产业形态，形成"红色姐妹"等红色旅游品牌。同时，借助沂蒙红色影视基地等文化项目，延伸红色文化产业链。推动红色文化与区域旅游等相关产业深度融合发展，既实现了红色文化的现代传承，又成为红色旅游的有针对性的模式。

统筹规划，做好红色旅游发展顶层设计。针对红色文化资源在开发和保护中存在的问题，建议做好顶层设计，确保革命文物的历史真实性、风貌完整性和文化延续性。

一是积极贯彻落实《2016-2020 年全国红色旅游发展规划纲要》《关于实施革命文物保护利用工程（2018-2022 年）的意见》，对革命文物资源保护规划和红色旅游发展方案进行顶层设计，进一步加强革命博物馆、纪念馆、陈列室等硬件设施建设，改善文物的保存状况和环境风貌。

二是地方政府因地制宜制定规章制度，明确革命文物保护和旅游开发流程，完善保护和利用措施。坚持对革命文物定期检查，发现问题及时处理，发现正在或即将遭受毁坏的文物时及时进行抢救修补。对重大革命事件的参与者、亲历者、幸存者和见证者，及早做好采访、口述资料、影像资料的征集、整理及备份。

三是充分利用红色旅游的宣传教育作用，一方面提高游客文物保护的法治意识，使保护革命文物成为全民的自觉行动；另一方面提高工作人员素质，培养其对当地红色文化的自豪感和对家乡的热爱，提高文物保护的意识。

丰富内涵，创新红色文化旅游发展模式。针对红色旅游与时代需求存在差距的问题，建议创新发展模式，拓展市场空间。

一是针对不同市场需求，深入挖掘红色文化的时代内涵和现实意义，推出以红色文化为主题的研学旅行、体验旅游、休闲旅游等不同形式的项目，让更多人通过体验党的革命历史和奋斗历程，领悟红色精神的内涵，激发爱国情怀。

二是整合革命文物及相关红色文化资源，将红色文化通过不同艺术形式呈现，使得红色文化旅游变为形式多样、参与性强的体验活动，让游客在体验中接受文化熏陶、培养爱国情怀。

三是将文化创意植入红色旅游产品设计与开发中，通过文创智慧提升红色旅游的知识性和艺术性，树立红色旅游产品在大众中的品牌形象，优化红色旅游产品结构，培育红色旅游市场新增长点。

二、共享理念

（一）整合资源，促进红色文化旅游协调发展

为增强红色旅游吸引力，建议各地充分整合各项文化和旅游资源以推动红色文化和旅游融合发展。

一是在"旅游+"引领下，以红色旅游产业为依托，打造集休闲度假、研学教育、运动拓展、康疗养生等于一体的旅游体验模式，形成以红色旅游为核心的多元产业格局，延伸产业链、提升发展质量，满足不同层次消费群体需求。

二是坚持"红色传承绿色发展"理念，处理好发展红色旅游与维护生态环境的关系，让红色遗产在优美的生态环境中提升旅游价值和文化魅力，真正做到"红""绿"两种资源科学利用、融合发展。

三是坚持统筹发展理念，将当地特有的红色文化、民族文化、历史文化与旅游开发融为一体，以红色文化为主导、区域文化为特色，推动红色旅游高质量发展。

（二）区域融合，推动红色文化旅游跨域发展

针对红色文化交流空间不足的问题，建议推进红色旅游跨区域融合发展以提高竞争力和生命力。

一是从国家及省域红色旅游发展大局出发，依托革命文物保护片区建设指导精神，因地制宜开发当地红色旅游文化资源，打造精品文化遗产线路，

将当地红色旅游发展纳入整个棋盘，统筹互补。

二是以节日庆典、重大历史事件为节点，跨区域举办面向老、中、青等不同群体的主题展览和纪念活动。通过以历史事件为轴线，展示革命文物、讲述红色故事，达到传承红色基因、弘扬革命精神的目的，从而提高红色旅游的社会效应。

三是依托重要历史时间节点，积极开展红色文化主题交流活动及文物短期流动展览活动，将当地特有的红色文化向外界传播，提高红色文化在国内外乃至海内外地区的影响力和知名度，进而促进红色旅游持续发展。

第三节　红色文化资源对乡村生活的日常性融入与互动

当今世界正经历百年未有之大变局，中国发展正处于重要战略机遇期。在国际国内双循环的新发展格局下，广袤的农村土地蕴藏着无限的生命力和可能性。实现中华民族伟大复兴，必须振兴农村。乡村振兴是党的十九大作出的一项重要战略部署。这是新时期"三农"工作的重点。这是从党和国家事业发展全局出发作出的重大战略决策。在乡村振兴的过程中，农村的发展要与"塑造""铸魂"齐头并进，既要发展经济、增加农民收入，也要发展文化事业、提高村民的综合文化素养。"塑造"是物质基础，"铸魂"是上层建筑。乡村振兴的灵魂是文化振兴，文化是推动乡村全面振兴的内在动力。红色文化是中国共产党领导中国人民在革命和建设中创造和取得的一种创新的、科学的先进文化。它是中国人共同的文化符号和红色历史记忆。在安全与发展统筹的前提下，依托红色文化推进乡村振兴，追寻乡村红色的历史记忆，打造强大的乡村文化共同体，意义重大。

红色文化是中国共产党领导中国人民在革命、建设、改革的伟大实践中创造和积累的。它是突出党的性质和宗旨、反映人民性格和时代要求、凝聚各党派力量的先进文化。红色文化是激励各级党员干部不忘初心、牢记使命、与农村人民同甘共苦、共建美丽乡村、共创美好生活的精神动力。

一是加强党员干部理想信念教育。在实施乡村振兴战略中，各级党员干部要深刻认识红色文化的精髓，坚持密切联系群众的优良工作作风，不断接受乡村振兴新时代红色文化的洗礼，坚定理想信念，加强务实为民的工作作风，赢得更深刻的政治认同。

二是加强党的基层组织建设。要把红色文化的理想信念、价值精神转化为精神动力，在党的建设中推动乡村振兴，增强农村基层党组织政治职能，建设农村基层党组织强大作战堡垒。

三是加强党与群众、人民的关系。在实施乡村振兴战略中，党员干部特别是领导干部要牢固树立党建为民、执政为民的理念，增强群众感情，践行群众路线，掌握新时代做好群众工作的方式方法，进一步提高做好群众工作的能力，更好地加强党与基层干部群众的关系，巩固党在农村基层的执政基础。

乡村振兴的灵魂是文化振兴，红色文化具有深厚的文化底蕴和丰富的革命精神，是流淌在中国人血液中的不可磨灭的文化印记，能最大限度地调动基层群众的奋斗精神、吃苦精神和民族认同感，凝聚基层群众对实现乡村振兴的共识、行动意识和共同努力，成为推进乡村振兴战略的原动力和强大力量。

红色文化对乡村振兴具有重要的经济价值。乡村振兴需要依托红色文化资源，利用红色文化自身优势，释放外部经济的独特吸引力，创造性地扩大红色文化资源的经济价值，使红色文化不断为乡村振兴注入源源不断的吸引力和号召力。乡村振兴的过程，也是红色文化传播的过程，从而实现红色文化与乡村振兴的良性互动。

一、红色文化资源在乡村生活中的传播与植入

（一）打造红色旅游品牌，拓展红色产业链

1. 做好顶层设计

打造红色旅游品牌，发展红色文化旅游产业，归根到底是挖掘红色文化内涵，进行科学的历史解读和创造性的内容拓展。要系统地掌握红色文化的历史根源和文化根源，注重文化内涵的挖掘和文化基因的激活。只有讲好革命故事，传递革命人物的先进精神，当地村民才能对爱国主义教育和革命教育有深刻的记忆，才能把红色基因传承下去，才能让红色文化永葆青春、熠熠生辉。

2. 红色文化有着深厚的内涵

各地政府通过挖掘当地的文化内涵，结合民俗，创造了让游客参与和体验的旅游活动。红色产业的发展要注重与其他农村产业的共同发展，重视统筹推进，鼓励农民以林权、土地、资本、技术、劳动力、产品为纽带，开展多种形式的合作与联盟，完善红色文化资源开发利用的利益联动机制，通过区域文化旅游产业的发展，促进农村居民稳步增收致富。

（二）用好红色基因，聚力乡村振兴

首先，讲好红色故事，不能"一刀切"。红色故事的受众对象是不同的，不能千篇一律地向外传递，应该根据受众的不同特点，选择不同载体模式，结合信息化手段，用他们喜闻乐见的方式讲好红色故事，呈现红色传统新风尚，焕发红色故事新风采。这样的教育活动更加贴近实际和群众，才能让他们更加热爱家乡，更有主人翁意识和姿态，为红色文化助力乡村振兴添砖加瓦。

其次，要保护好红色文物。红色文物是联系红色文化的信息纽带和记忆符号，是承载红色文化的载体和物质实体，具有很好的教化价值和文化价值。因而必须将红色文物的保护落到实处，不能单单重视红色文物的经济利益，

也要珍视它的宝贵价值。部分地区因为只看重经济利益，过度开发红色文物，对红色文物的价值性、神圣性造成严重损害，没有长远的眼光，也不可能有长远的发展。对红色文物的保护需要政府、市场、乡村基层群众的共同努力，要让更多的力量加入红色文物保护的活动中。

（三）营造红色的生活环境

良好的生态环境是农村的宝贵财富，是创造优美人居环境的重要优势。一些红色文革遗址等物化形式分布在农村，承载着农村人对革命先辈的无限哀思，成为农村精神的象征。红色文化与绿色生态相辅相成，为美丽乡村增添文化意义和生态灵性。

第一，做好资源普查工作。在区域红色文化旅游产业布局中，需要对红色文化资源进行普查，确定一批需要恢复、保护的红色文物，作为建设红色农村的重要组成部分。

第二，做好乡村规划。要尊重自然、适应自然、保护自然，科学布局生产、生活、生态空间，加快农村自然资本价值提升，实现民富民强与生态美的统一。

第三，创造红色公共空间。要科学规划村落建筑布局，突出地方特色和区域民族特色。围绕红色革命遗迹建设公共文化设施，既是红色乡村旅游的重要节点，也是村落的红色象征。

（四）用红色文化促进社会治理

红色文化作为中国特色社会主义先进文化的重要组成部分，在推进社会治理现代化进程中具有重要的指导、教育、创新和融合作用。要把红色文化融入乡村自治、法治、德治中去，确保乡村社会充满活力、和谐有序。

用红色文化滋养社会心态。从社会心理学的角度看，红色文化蕴含着无私、自强、乐观的精神。在农村社会转型发展的过程中，由于不良风俗的影响，在一定程度上出现了自私、消费、奢侈、浮夸等不良社会心态。必须依靠红色文化来培养公众的理性精神，滋养自尊、自信、理性平和、积极向上的社会心态。

（五）注重业态的整合

乡村红色文化旅游产业的发展要注重与培育农村新产业、新业态的协调，打造产业融合发展的新载体、新模式，促进要素跨界配置和产业有机融合，推动文化创意、红色教育、乡村家园、旅游农业等产业在融合发展中同步升级、同步增值、同步获得效益，助推农村产业繁荣。

必须关心人民群众的利益。要始终以促进农民就业和增收为落脚点与着力点，鼓励农民以土地、林权、资本、劳动、技术、产品为纽带，开展多种形式的合作与联盟，强化农民作为市场主体的平等地位，完善红色文化资源开发利用的利益联动机制。以区域文化旅游产业的发展带动农村群众稳步增收致富。

二、红色文化对乡村振兴的影响

（一）红色文化可以增强乡村振兴的决心

红色文化具有凝聚灵魂和精神的功能。它体现了党和人民为共产主义不懈奋斗的伟大理想，体现了中华民族改造天地的决心和斗志。它是激励人民坚持不懈、奋发向上的精神支柱。发展农村红色文化，弘扬红色精神，有利于坚定基层人民的理想信念，增强他们对乡村振兴的信心和乡村发展的决心，激发他们参与建设和发展的积极性。在形成正确意识形态的基础上，人们会有幸福感、获得感和安全感。

（二）红色文化可以促进农村经济的发展

红色文化对乡村振兴具有促进作用。通过发展壮大第三产业，促进传统产业转型升级，优化农村产业结构，形成特色旅游资源，延伸产业链。通过红色文化与乡村旅游的融合，线上与线下宣传相结合，可以有效带动当地经济的发展，弘扬优秀的红色精神，将文化效益转化为经济效益，实现乡村振兴。

（三）红色文化具有吸引优秀人才的魅力

农村是一片红色的土地。利用好红色文化资源，弘扬社会主义主旋律，传递社会主义正能量，对于吸引优秀人才投身乡村振兴事业具有重要价值。通过宣扬红色故事，弘扬红色精神，传播红色文化，让人们深入了解农村土地上的红色事迹，鼓舞人心，展现红色文化魅力，鼓励优秀人才投身乡村振兴建设，创造多元化就业岗位，吸引更多优秀人才，促进农民工返乡创业。促进农村稳定发展。

（四）文化振兴是全面推进乡村振兴的重要组成部分

红色文化是中国共产党领导中国人民在革命和建设中创造和取得的一种创新的、科学的先进文化。它是中国人共同的文化符号和红色历史记忆。

关于乡村振兴，党的十九大提出了"产业兴旺、生态宜居、乡风文明、治理有效、生活富裕"五个总要求和思想路线。这也是乡村振兴战略的最终目标以及衡量乡村振兴程度的重要标准。红色文化资源作为乡村特色优势资源，如果能够得到有效保护和科学开发利用：一方面，可以在横向上对乡村的产业发展、生态建设、乡风文明形成、乡村良好治理以及最终达到整体生活富足产生良好助益；另一方面，在纵向上可以促进乡村物质水平提高和精神文明发展，拓展乡村振兴的深度和质量。红色文化资源之所以能够在乡村振兴的各个方面发挥作用，就是源于红色文化资源自身的深厚历史文化底蕴和民族精神内涵，源于红色文化在我国的特殊性质和地位价值，因而它能够被我国人民群众广泛接纳和认同，在乡村振兴中发挥作用。

红色文化资源能够有效助力乡村全面、深度振兴。一方面，红色文化资源助力乡村全面振兴。具体体现在：开发乡村红色文化旅游休闲产业能够带动"老、少、边"地区的乡村就业率提升；红色文化所蕴含的社会主义核心价值观能够引导乡村生态建设朝着"绿色、和谐、可持续"的方向发展；红色文化中的高尚道德品质能够为乡风文明建设树立良好榜样；红色文化历史中关于党的基层建设、政府治理和群众动员的先进经验，能够为建立健全乡村社会治理体制提供方法指导；只有对红色文化资源进行有效利用，才能最终实现乡村生活富足的总目标。另一方面，红色文化资源助力乡村深度振兴。由于红色文化资源同时具备促进物质生活水平提高和精神文明建设的双重价值，因此，相较于一般的文化资源更有助于实现乡村振兴高质量推进和深度有效发展。由此可见，当下要有效推进并实现乡村振兴，一定要保护好红色文化资源。

通过红色文化资源为乡村振兴赋新能，要做到对乡村红色文化资源的有力保护和有效传承，以此夯实乡村红色文化根基。当下乡村振兴中对红色文化资源的利用之所以还没达到良好的预期效果，很大一部分原因在于没有对红色文化资源本身倾注精力，而是过于急功近利，急迫地想要借红色文化获得经济效益，忽略了对红色文化资源的保护和深度挖掘。主要表现在：没有将红色文化资源全面融入乡村生活生产；没有全面把握红色文化资源在乡村全面振兴中的价值，只是单纯着眼于红色文化的经济建设价值；没有做到对红色文化资源的合理开发和有效保护等。因此，要让红色文化资源在乡村振兴中全面发挥优势，就需要循序渐进，从红色文化资源的保护、挖掘入手。

夯实乡村振兴中的红色文化根基，大力保护乡村红色文化基地，传承弘扬红色文化精神内涵。一方面，乡村建设中要重点保护本地原有的红色文化基地，建设开发更多与红色文化资源相关的文化基地，如红色革命纪念馆、烈士陵园、革命遗址等。当地政府和乡村基层管理部门要加大资金投入，做好红色文化基地的日常修缮与维护，建立健全地方红色文化基地开发利用制度体系，做到有效保护、适度开发、科学利用。在此基础上才能进一步利用红色文化基地开发乡村旅游业，并促进红色旅游业可持续发展。另一方面，要在保护红色文化基地的基础上挖掘当地红色文化资源的内在精神教育价值和方法论指导价值，大力宣传弘扬红色文化精神内涵，实现红色文化资源的良好传承，为将红色文化精神融入乡村经济生态、文化建设奠定思想基础和群众基础。如在乡村振兴中定期对乡村基层队伍进行红色革命精神教育，在当地群众中大力宣传弘扬红色精神和革命品质，提高群众的红色文化素养。只有做好红色文化的保护传承工作，才能够为利用红色文化资源促进乡村全面、深度振兴，提供坚实的物质保障和思想前提。

第四章　吉林省红色文化资源与乡村振兴融合发展的路径探寻

第一节　深挖红色文化资源，建立红色产业品牌

一、红色文物、红色档案、红色景区……

在我国辽阔的土地上，遍布着不计其数的红色文化资源，它们是中国共产党从千难万险迈向光辉胜利的见证，是弥足珍贵的精神财富，是传承中国共产党初心使命的重要载体。比如河北就是一个红色文化资源的大省，全省红色文化资源有2000多处，并有大量的革命遗址遗迹群，涵盖革命、建设和改革各个时期。省委、省政府也十分重视红色资源的挖掘利用，打造了西柏坡中共中央旧址、李大钊故居及纪念馆、八路军一二九师司令部旧址等全国有名的红色资源品牌，为爱国主义教育建立了生动的课堂。但同时我们也能看到在红色文化资源开发利用的过程中亟待思考和解决的问题。

利用"互联网+"思维，丰富红色文化资源宣传模式。第一，利用互联网资源，建设网上展览馆、纪念馆，利用微博、微信等平台全面宣传推广红色文化资源，线上、线下共同努力打造红色文化资源品牌。科学制定红色旅游路线，整合临近的红色旅游资源，打造集群式参观模式，提升红色旅游资源的吸引力。第二，利用科技手段，让红色文化资源"活起来"。要加强科技创新手段，充分利用现在的云计算、5G、VR、AR 等新技术手段，增强游客参观学习中与场馆的互动性和沉浸性，让游客能够跨时空、多角度、多维度地了解红色文物资源。同时，可组织多种形式的红色故事展示，比如舞台剧、小品等，利用好游客喜闻乐见的形式，讲好红色党史故事，让躺在场馆里的文物真正"活起来"。作为一片红色热土，在深挖红色历史、繁荣红色文化、打响红色品牌方面既大有可为，亦大有作为。

二、家家有红军，村村有烈士，山山埋忠骨，岭岭皆丰碑

湖北黄冈红安县原名黄安，是黄麻起义的发源地和鄂豫皖革命根据地的中心，走出了红四方面军、红二十五军、红二十八军 3 支红军主力部队，诞生了董必武、李先念、陈锡联、韩先楚、秦基伟等 200 多位共和国高级军事将领，为新中国的成立牺牲了 14 万英雄儿女，在册革命烈士达 22552 人，被誉为"中国第一将军县"。

据统计，红安县共有不可移动革命文物 184 处（231 个文物点），是全国革命文物最多的县。红安县还是全国 12 个重点红色旅游区之一——大别山红色旅游区的重要节点，拥有黄麻起义和鄂豫皖苏区纪念园、李先念故居纪念园、七里坪长胜街景区等红色景区，以及 33 处红色展馆、4 个红色教育培训基地。一个个红色的地标，就是一座座英雄的丰碑。

三、红色故事人人讲，红色精神代代传

近年来，红安县实施"把红色资源利用好、把红色传统发扬好、把红色

基因传承好"，坚持"以红为魂、红绿相间、多产融合、全域旅游"发展战略，用心用力保护好、管理好、运用好红色资源，以创建"全国红色旅游融合发展示范区"为抓手，着力建设大别山红色中心城市，赓续红色血脉，续写新时代红安新传奇。

"'红安精神'具体表现为'要革命、不要钱、不要家、不要命'的'一要三不要'和'图奉献、不图名、不图利'的'一图两不图'。"在《红安为什么这样红》一书中，"红安精神"被高度精练地概括。

为深入挖掘"红安精神"，红安县先后出版了《将军的摇篮》《红安为什么这样红》等红色之旅系列丛书，创排了《红安魂》《红安回响》《天明天亮》等精品剧目，《铁血红安》《战将韩先楚》《李先念》等多部影视剧在央视及其他卫视热播，并打造将军影视城红色演艺剧目。

从6岁的小学生到60岁的村书记，从学生、老师到农民、干部，人人都能上台讲红色故事，人人都了解红色文化。另外，红安县首届红色旅游讲解员大赛得到了社会各界的积极响应。通过比赛，经典红色故事再传颂，甚至还挖掘出一批不为人知的红色故事。

四、革命遗址和文物是革命精神的生动载体和鲜活见证，保护是为了更好地传承

相关资料显示，红安县完成鄂豫皖特区苏维埃政府旧址、红二十八军新兵营招兵处、西汪家革命旧址群等8处国保单位旧址以及彭杨军政学校旧址抗日干部训练班的修缮、消防、安防工程等申报工作。与此同时，陂安南苏维埃政府旧址、政治保卫局旧址、况玉纯将军故居均完成布展工作，面向社会开放。红安县文化和旅游局相关负责人介绍，该县创新革命文物保护管理体系，建立了县、乡镇、村、文保员四级文物安全责任体系，做到按级施保。

红色是红安县最亮的底色，也是最大优势。红安县在做好红色精神传承弘扬文章时，也奋力做好红色资源开发利用文章，构建红色旅游大格局。

红安县先后投入资金 20 多亿元，建设了 110 多千米的大别山红色旅游公路、70 千米的将军故居路，打造了 25 千米的"中国最美乡村路"；引进企业合作建设七里坪、高桥两个乡村振兴及红色文旅项目；大力发展红色研学，先后与 500 多家企事业单位和学校签订共建研学基地协议，每年可吸引研学游客 100 万人次。

据统计，2021 年，红安县共接待游客 1107.3 万人次，实现旅游综合收入 50.3 亿元，同比增长 38% 和 42%。其中，接待红色旅游游客 775.1 万人次，实现红色旅游综合收入 35.2 亿元。2022 年上半年，红安县共接待国内外游客 622.03 万人次，实现旅游综合收入 32.35 亿元。

红安县文化和旅游局相关负责人表示，红安县将继续依托独一无二的红色文化旅游资源和丰富的绿色、古色资源，以"黄麻起义发源地·中国第一将军县"为核心品牌，以黄麻起义纪念园红色 AAAAA 级景区创建为龙头，推进红色旅游、生态旅游、休闲度假旅游、乡村旅游融合发展，持续擦亮红安红色旅游品牌，将红安打造为全国红色旅游融合发展示范区。

江西兴国县，这片记载着革命荣光的红色热土，走出了 56 位共和国开国将军，是著名的红军县、烈士县、将军县和苏区模范县，苏区精神和苏区干部好作风重要发源地、群众路线重要形成地。近年来，兴国县按照"红色旅游+研修研学"的发展思路，全方位打响"苏区干部好作风"模范兴国品牌，多措并举传承红色基因、讲好兴国故事，走出了一条有特色、聚人气、效益好的文旅产业高质量发展之路。

五、走进大气恢宏的苏区干部好作风纪念馆，丰富的革命史料讲述着那段激情燃烧的岁月（兴国县）

苏区时期，只有 23 万人口的兴国县，参加革命的战士共 9.3 万人，为国捐躯者达 5 万多人，有姓名可考的烈士达 23179 名。在血与火的淬炼中，这片土地孕育了萧华、陈奇涵等 56 位共和国开国将军。毛泽东同志在调查研究的基础上留下了《长冈乡调查》《兴国调查》等光辉著作，称赞兴国的同志们创造了"第一等工作"，亲笔题写了"模范兴国"奖匾褒扬兴国。

为了传承好红色基因，近年来，兴国县深挖红色资源，紧抓项目建设，抢抓长征国家文化公园建设契机，推动长征国家文化公园（兴国段）项目建设。其中，兴国中央红军长征出发准备重点展示园被列入长征国家文化公园规划 52 个重点展示园之一，长征步道兴国段被列为全国 44 条示范步道之一，"长征路·兴国魂"文化园被列入长征国家文化公园（江西段）重点项目。此外，兴国县还建设了长征文化艺术中心、长征红歌大剧院，实施了苏区干部好作风纪念园、长冈调查纪念馆、潋江书院、刘启耀故居等红色景区提升工程，一处处记载着红色历史的革命遗址活化利用。

"哎呀嘞，苏区干部好作风，自带干粮去办公，日着草鞋干革命，夜打灯笼访贫农……"这首耳熟能详的兴国县山歌，生动地反映了当年苏区干部的精神风貌，展现了共产党人一心为民的初心和使命，也是如今当地游客朗朗上口的红色歌曲。借助兴国县山歌广泛的传播力，兴国县深挖其背后的故事，创排了大型兴国县山歌剧《苏区干部好作风》《老镜子》，让观看的游客备受触动。不仅如此，一部以兴国籍开国上将萧华、陈奇涵等英雄人物为原型的动画片《长征先锋》在各大平台火热播出，将波澜壮阔的长征史诗以动画形式搬上银屏。该片邀请专家全程根据长征史料进行专业指导，在确保内容准确的同时，以更加形象化、故事化的方式弘扬长征精神、传播红色文化，深受青少年喜爱。同时，覆盖影视、AR 体验、玩具、服装等多产业红色文旅衍生产品开发，延展出舞台剧、图书绘本等一系列生态产业链，兴国红色文旅 IP 越做越大。

在做好软硬件设施建设的同时，兴国县的发展思路十分明确。兴国县文化广电新闻出版旅游局相关负责人向记者介绍，近年来，兴国县围绕"建基地、设课程、排节目、兴文创"的思路，补足"干部研修""学生研学"的全产业链，建设国防教育研学园区（红领巾少年军校）、苏区干部好作风培训中心、红兴谷研学旅行营地，研发了"将军梦 研学情"等研修研学精品课程，打造了一批较为成熟的现场教学点，聘请和选拔了百余名教师，并制定《红色文化储备人才培养和讲解员培训方案》，"双研"成为当地文旅产业高质量发展中一面鲜明的旗帜。

为了进一步扩大兴国县"研修研学"承载能力，兴国县还打造了中国官田兵工特色小镇、军事主题公园等项目，加快推进百里红山项目，并与重点景区和知名旅行社组建营销联盟，落实"赣品两上三进""赣品网上行"活动，积极融入省内外"一日游""二日游"精品线路，吸引更多的游客来感受红色文化魅力。

文创产品设计、红色文化伴手礼设计、红色 IP 衍生品设计、红色研学教具设计……2022 年，兴国县精心打造的红色创意设计大赛，通过设计赋能带动兴国红色文化产业升级，打造出一批高品质的文旅产品。这是当地发掘红色创意的一个缩影。近年来，兴国县积极开展"红五月·兴国游""打卡红土地·携手嘉游赣""最受欢迎景区评比"等系列活动，持续办好"山歌艺术节""四星望月·旅游美食节"等活动，让这座历史悠久的红色名城更具"年轻态"。

兴国县文化广电新闻出版旅游局主要负责人表示，接下来，该县将加快深化文旅融合，优化整合红色游、生态游、乡村游等资源，挖掘刘启耀、江善忠、"扶贫井"等的红色故事，推动茶旅小镇、平固街历史文化街区、《长征组歌》驻地演出等文旅项目实施，做大做强"苏区干部好作风"模范兴国品牌，传承红色基因，推进文旅产业高质量发展。

六、从红色历史中汲取奋进新时代的强大精神力量（浏阳）

湖南浏阳是共和国十大将军县之一，在 1955 年授予的开国将领中，王震、宋任穷、王首道、杨勇、唐亮、寻淮洲等 30 位战功卓越的将军都来自浏阳。

近年来，浏阳深入贯彻落实关于红色资源保护利用的系列重要论述精神，全力激活红色资源、讲好红色故事、传承红色基因，努力走出一条具有浏阳特色的红色资源保护利用之路。

为全面保护好不可复制的红色资源，浏阳加大红色资源的调查和征集力度，编制《革命文物保护利用三年行动计划》，近3年来累计筹集资金近2亿元用于红色资源保护，重点做好湖南省苏维埃政府旧址、宋任穷故居等20余处文保单位的修缮与维护工作，投资近亿元的浏阳市博物馆新馆已对外开放。浏阳积极鼓励引导社会力量参与红色资源保护，一支由乡贤、退休教师、革命后代等1500余人组成的"红色力量"，常态化参与红色资源保护等志愿服务。此外，浏阳还成立了县级革命文物保护协调小组，并实行守护员日巡查、乡镇（街道）月巡查、文物部门季巡查、志愿者动态巡查的"四查"机制。

"在做好红色资源保护利用工作的基础上，我们不断创新发展路径，积极做好'红色资源+'的文章，推动浏阳的红色资源'活'起来、'火'起来。"浏阳市文化旅游广电体育局局长陈刚说。

目前，浏阳累计投入4亿余元推动苍坊旅游区及秋收起义纪念馆改造工作，实现提质升级；不断完善旅游配套设施，合理布局旅游交通标识牌、旅游厕所、智慧旅游咨询机等公共服务体系，在全市33处红色景点安装红色导览图，提升景区综合服务水平；整合全市红色旅游资源，打造"红色瞻仰之旅""党性教育之旅"等4条红色精品旅游线路。此外，浏阳还通过制作新展、提质旧展、引进临时展览的方式，依托革命文物内涵布置了15个基本陈列和一批临时展览，并举办一系列红色旅游节会活动，推动红色资源与旅游的深度融合发展。

通过持续推进红旅营、胡耀邦故里研学基地建设，打造《白纸家书》等一批红色课件，浏阳的红色研学培训在近几年得到了快速发展。胡耀邦故居近3年来先后接待省、市各单位党组织来馆开展主题党日活动千余批次，累计达8万余人次。秋收起义干部学院先后承接长沙、常德及江西萍乡等地的红色培训千余人次。

依托丰富的红色资源，浏阳充分挖掘提炼一批红色故事，将其打造成精品剧目、精品课件、精品书籍，通过宣传讲解、展示展览等途径，使红色故事广为传播，起到润泽人心、砥砺初心的教化作用。

当地精心编撰了"浏阳红色人物故事汇""浏阳历史文化"丛书及《浏阳红色清廉故事》《敢问路在何方：湘赣边界秋收起义在浏阳》《永不磨灭的印记——浏阳革命类不可移动文物图册》等一大批红色书籍和刊物。其中，2021年浏阳市委宣传部和市委党史研究室组织编纂的"浏阳红色人物故事汇"丛书共有50余册，分为党和国家领导人、共和国开国将军、著名革命英烈、其他知名党史人物4个谱类。第一期已完成王震等5位党和国家领导人及寻淮洲、李白等8位著名革命英烈的故事编撰，成书12册60余万字，以口袋书的形式生动再现了浏阳革命前辈的生平事迹、品格风范和精神智慧。

浏阳市精心打造的《胡子将军》《浏阳李白》等一批有温度、有深度、有高度的红色剧目，通过送戏下乡、欧阳予倩艺术节、欢乐浏阳河等平台开展演出，进一步传播了浏阳红色故事。

与此同时，浏阳还积极探索"互联网+红色旅游"的新路径，充分利用新媒体平台对浏阳红色资源进行宣传推介。"云上清廉浏阳"小程序将红色资源融进"听""观""建""学""游"五大主栏目，推出《以忠诚之光照亮奋进之路》系列视频，邀请"一把手"等代表以口述的形式，在红色历史现场、抗击疫情现场、火热建设现场讲党史、话忠诚、谈廉洁，展现精神面貌，凝聚奋进力量，引发热烈反响。

此外，浏阳通过举办赛事等形式，加快推进红色文化创意产品开发。秋收起义文家市会师纪念馆通过建立文创实体店、网络直播带货等方式，成功将136种文创产品打入市场。

2019年，浏阳发起成立由湖南、江西两省24个县市区组成的湘赣边红色文化旅游共同体。陈刚介绍，这一共同体成立以来，改造升级了湘赣边红色旅游环线，发布了"穿越湘赣边重走秋收路"主题自驾游线路和3条湘赣边精品旅游线路，共同发行了"初心源·湘鄂赣"文旅一卡通，推出了湘鄂赣红色文化旅游手绘地图，并举办了一系列区域文化旅游交流推广活动，极大地推动了湘赣边红色文化旅游综合消费。

七、例子

随着红色主题教育、研学文旅的兴起，红色旅游呈现快速增长的态势。红色旅游作为文化与旅游产业的重要分支，一直是文化与旅游融合发展的重要载体，其良好的发展态势和所蕴含的巨大市场价值，使红色旅游再次得到社会各界的广泛关注。

在当前"两高一融合"（高质量发展、高品质生活、文化与旅游融合）的发展背景下，如何进一步开发和创新红色旅游资源，如何更好地挖掘和传承红色文化，充分发挥红色旅游资源的价值，打造红色文旅特色品牌，成为了当前各项工作的重点。道可云作为国家工业和信息化部、山东省工信厅、青岛市工信局推荐的数字化赋能平台企业、中国领先的VR技术服务商，紧密结合"十四五"时期我国红色文旅发展的规划纲要和未来文旅产业发展全新方向，统筹谋划并推出了红色旅游资源赋能文旅产业发展和乡村振兴一站式服务方案，为各地红色文旅产业发展提供了宝贵经验和方法。

（一）以红色资源引领

以当地红色资源为核心，成立专业运营策划团队，联合当地政府、党史馆、旅行社等深入收集、整理、挖掘当地红色旅游资源，讲好红色故事，并与周边旅游景区、餐饮酒店、民宿等共同开发数十条红色精品旅游、精品三天游、特色乡村游等旅游路线，通过VR技术和手绘地图打造统一的线上VR服务平台，培育红色旅游特色品牌，吸引游客线上参观，线下体验。打造对外宣传推广金名片，降低宣传物料成本，实现全域红色资源、旅游资源、特色产业的有效连接，盘活各大旅游景点。

（二）以现代技术激活

可以结合未来旅游景区发展的全新方向，以灯光秀、演艺秀等数字化技术做爆点，推出沉浸式主题灯光秀。通过红色灯光秀，完成对夜游经济的激活，让游客留下来，从而带动餐饮、酒店、民宿等产业经济的发展。

通过 VR、AR 技术打造景区智慧导览系统，实现全域内所有旅游景点在同一个平台展示，所有服务在同一个平台完成。打造周边一小时夜游经济圈，进行消费沉淀。同时，景区导览系统还推出了精品旅游线路、周边服务等功能。景区可根据各游客访问数据规划设计多条特色精品旅游线路，盘活各大旅游景点，极大改变各景点游客分布不均的现状。

目前，道可云红色资源引领文旅产业发展项目已在河北、河南、青岛等多地得到了广泛推广和应用，在促进景区提质扩容、丰富旅游要素等方面发挥了不可替代的作用。

八、笔者的想法

（一）开展市场运作，盘活红色资源

引进专业公司、专业团队合作经营，通过市场化、专业化的旅游包装、营销、策划，以原有红色景区景点为基础，全面进行市场化改造，打造旅游新业态，使全县的红色旅游步入"投资—建设—运营—回报"的良性循环。大力引进战略投资者，给予投资方一定的自主经营权，利用市场经济手段，解决旅游业存在的短板、痛点等问题，走自我完善、自我发展之路。实行产业运作后，将针对消费需求逐步建设好一批旅游设施，开辟研学、拓展、旅游商品等多种收入渠道，进一步丰富旅游业态、弥补供给短板、吸引旅客流量、产生经营效益，从根本上解决地区旅游产业投入不足、开发利用不足、景点之间缺乏串联的问题。利用产业运作手段建设运营一批项目，将有助于扩大争资范围和争资成果，也有助于创造出更多的盈利机会，吸引社会资本广泛参与，提高全社会的投资热情。

（二）抓好全域创建，激活红色文化

例如，全域旅游示范区创建是湖南真抓实干考核的工作之一，目前已成为争资争项的门槛，创建成功将极大地提升全县旅游整体形象。该项工作已写入临澧县政府工作报告，同时，也被常德文旅广体局列入年度创建计划。湖南将紧扣"红色故里，楚韵福地"定位，充分挖掘红色文化，结合生态资源、文化资源和特色产业，加强顶层设计，进一步优化旅游发展专项规划编制，接轨常德红色旅游线路规划。充分发挥资源优势和区位优势，力争把林伯渠故居和丁玲故居纳入全市乃至全省红色文化旅游发展战略规划部署。抓住国家促进旅游发展、乡村振兴、文化保护等方面的政策机遇，抓紧包装一批乡村旅游、景区提升、文化传承等方面的大项目，大力开展融资和争资争项，通过融资获得大量的建设资金，确保固定资产投入节奏不缓不降，县域经济持续稳定增长。在此基础上，进一步完善相关红色旅游景区景点标识标牌、全域导览、智慧安防等设施设备。对林伯渠故居、丁玲故居、江家坡渡槽之间的道路进行改造，建成互联互通的旅游公路。抓好太浮雷水上山公路硬化、林伯渠故居景区内部环线游道及景观化打造，提升景区形象。

（三）拓展宣传路径，讲活红色故事

例如，湖南力争将林伯渠故居纳入全省红色旅游精品线路和40个红色旅游基地之一，积极参与常德市内外八景评选，争取景点纳入，提升临澧红色旅游形象。进一步讲好红色故事，建设红色文化网站、微信、微博、移动客户端、网上虚拟展览馆等，构建多样化、立体化、全媒体的信息传播体系；用好"抖音""快手""视频号"等媒介平台，充分发挥好"网红"的带动作用；通过小说、音乐、影视作品、动漫作品、节庆、展会、讲堂、精品党课，让红色文化更具知识性、趣味性、娱乐性，增强红色文化的吸引力。目前，湖南省委宣传部正在筹拍的丁玲题材电影，正是拓展宣传路径的有效举措。充分用好社会宣传平台，在高速公路设置林伯渠故居、丁玲故居的旅游标识牌，在全县主要交通出入口、县城区、景区景点等强化红色文化宣传标识，在旅游宣传品、导览图中增加红色文化元素和内容供给，使广大群众和游客更加全面深入感知感受临澧红色文化，逐步叫响临澧红色旅游品牌。

（四）促进文旅融合，舞活红色产业

临澧的红色文化资源蕴藏着巨大的开发价值。以发展红色文化为契机，拟定以林伯渠故居、丁玲故居、太浮山、青山水利工程为主线的红色精品旅游线路，力争纳入全市、全省旅游精品线路，打造红色长廊。把各景区景点与乡村农家乐采摘果园等文化旅游资源进行整体规划和深度融合，着力推动"红色+康养游""红色+研学游""红色+乡村游"，打造红色旅游新业态、新格局。聚焦游客中短程游玩需求，开发一批季节性精品项目，通过将红色文旅线路与生态文化、历史文化、民俗文化串联，强化红色旅游资源在餐饮、住宿、娱乐、文创、演艺等方面的融合，做大做强红色旅游产业链条，为广大游客提供更加美好的红色旅游体验。

（五）提升队伍素质，用活红色人才

进一步畅通人才引进渠道，建立健全培养机制，加大对文化旅游专业人才的引进，打破身份壁垒，优化成长环境，大力吸引高素质人才积极投身到临澧红色旅游建设管理和红色文化产业发展中来。深入开展业务技能培训，提升导游员、服务员、管理人员业务水平和素质，培养专业的红色导游和专职讲解员。摒弃"说教式讲解"和"模式化讲解"，让游客通过互动式、体验式的介绍，更好了解红色文化、感悟红色精神。紧密结合新时代文明实践工作，壮大文化旅游志愿者服务队伍，开展系列文化旅游志愿服务活动，进一步讲好临澧故事、展示临澧形象。

所以，要大力发展"红色培训+情景体验""红色研学+农耕休闲体验""红色旅游+民族特色文化""红色旅游+科技"等旅游新业态，发挥红色教育功能，扩大红色文化传播，以"红色+"模式为引领，在产业发展、兴村富民、乡村规划等领域走出一条美丽与发展共赢的特色之路，奋力推动红色文化资源展新颜，进一步提升红色旅游的政治社会效益。

第二节 深挖红色文化资源，建成生态宜居环境

一、打造好红色文化资源的意义

红色文化资源是中国特色社会主义文化资源的重要组成部分，蕴含着巨大的思想价值、教育价值和时代价值，具有正面的价值导向、深厚的革命内涵、鲜明的历史印迹、不朽的精神丰碑，是中华民族、中国人民、中国共产党的精神命脉，也是教育人、培养人、涵养人的精神沃土。我们要用好红色文化资源，挖掘红色文化资源的丰富内涵，进一步传承好红色传统、红色精神，不断给人以知识的汲取、心灵的震撼、精神的激励、思想的启迪，切实增强热爱祖国、建设祖国的责任感和使命感，努力创造中华民族伟大复兴的光明未来。笔者提出以下建议：

一是要大力弘扬长征精神，传承红色基因，赓续红色血脉。

二是要坚持全面保护、整体保护，完善革命文物保护体系，提升保护水平和开放品质。

三是要传承好粮台红色历史文化，通过口述历史等形式传承好粮台红色历史文化，大力发展红色旅游，让更多革命文物资源"活起来"。

四是要深化红色宣传教育，充分展现粮台红色文化底蕴和内涵，讲好抚边红色故事。

五是要修复红色遗址，加大保护力度，对粮台村红色遗址进行修复。

六是要集合多方力量，加强资源整合，加快粮台村红色旅游景区建设，发挥其潜在的经济和文化效益。

七是要创新宣传形式，加强宣传力度，通过抖音、微信公众号等平台宣

传红色文化遗址遗迹，充分展现红色文化资源应有的价值。

二、引领产业兴旺

紧扣红色精神这条主线，深挖红色历史、唱响红色歌曲、开发"沉浸式""体验式"红色精品课程、建立实景课堂、打造红色现场教学点，组建以老党员、本地党史专家、烈士后代为主体的"红色宣讲队"，变"专人讲"为"大家讲"，让红色故事、红色记忆有效传续，创新集现场教学、互动参与、沉浸体验于一体的红色教育和红色旅游的新模式，塑造红色产业新格局。

三、促进生态宜居

生态振兴是基础，"绿水青山就是金山银山"理念深入人心，发展红色旅游必须有良好的生态环境作为基础，保障生态环境安全是推动红色旅游可持续发展的重要保证。在景点打造时要注重与美丽乡村建设有机融合，将村红色文化资源与村自然资源有机结合，通过依托其良好的自然生态环境和独特的人文生态系统，采取生态友好方式，开展生态体验、教育，形成特色生态旅游品牌，实现旅游产业与生态文明建设互利共赢。

四、助推乡风文明

积极开发红色资源，可以把人们的精神追求和理想信念教育融入实践旅游之中，将革命历史、革命传统、革命精神通过旅游传输给人们。同时，红色文化能够以接地气的方式强化社会主义核心价值观引领，提升当地百姓及游客的精神风貌，促进个人思想道德水平和大众精神文明水平不断提升。

五、创新基层治理

组织振兴是保障，红色旅游和红色文化中蕴含着党的建设、党的群众路线等历史优秀治理经验及案例，能够帮助新时代基层工作者创新工作方式，更好地团结带领群众，共同把基层治理各项任务落实好。同时，发展红色旅游，有助于强化基层党员干部教育引导，培养党员干部的优良作风，激发党员干部的担当意识，让党员干部在治理实践中自觉贯彻上级决策部署、自觉服务人民群众，增强干部队伍内生动力，激发创新活力，打造坚强战斗堡垒，实现治理有效的目的。

六、实现生活富裕

扶持引导一批经营餐饮、美食茶点、工艺品、伴手礼等旅游新业态主体，培育特色民宿、特色文创商品等体验式业态，带动地区第三产业发展壮大，助推农产品加工、餐饮住宿、手工艺品制造等良性发展。吸引青年返乡创业，引领当地经济协调发展，实现村民生活富裕。关于乡村振兴，党的十九大提出了"产业兴旺、生态宜居、乡风文明、治理有效、生活富裕"五个总要求和思想路线。这也是乡村振兴战略的最终目标以及衡量乡村振兴程度的重要标准。红色文化资源作为乡村特色优势资源，如果能够得到有效保护和科学开发利用，一方面，可以在横向上对乡村的产业发展、生态建设、乡风文明形成、乡村良好治理以及最终达到整体生活富足产生良好助益；另一方面，在纵向上可以促进乡村物质水平提高和精神文明发展，拓展乡村振兴的深度和质量。红色文化资源之所以能够在乡村振兴的各个方面发挥作用，就是源于红色文化资源自身的深厚历史文化底蕴和民族精神内涵，源于红色文化在我国的特殊性质和地位价值，因而它能够被我国人民群众广泛接纳和认同，在乡村振兴中发挥作用。

七、红色文化资源能够有效助力乡村全面、深度振兴

一方面，红色文化资源助力乡村全面振兴。具体体现在：开发乡村红色文化旅游休闲产业能够带动"老、少、边"地区的乡村就业率提升；红色文化所蕴含的社会主义核心价值观能够引导乡村生态建设朝着"绿色、和谐、

可持续"的方向发展；红色文化中的高尚道德品质能够为乡风文明建设树立良好榜样；红色文化历史中关于党的基层建设、政府治理和群众动员的先进经验，能够为建立健全乡村社会治理体制提供方法指导；只有对红色文化资源进行有效利用，才能最终实现乡村生活富足的总目标。

另一方面，红色文化资源助力乡村深度振兴。由于红色文化资源同时具备促进物质生活水平提高和精神文明建设的双重价值，因此，相较于一般的文化资源更有助于实现乡村振兴高质量推进和深度有效发展。由此可见，当下要有效推进并实现乡村振兴，一定要保护好红色文化资源。

八、科学开发红色文化资源，为乡村振兴赋新能

（一）夯实乡村振兴中的红色文化根基，大力保护乡村红色文化基地，传承弘扬红色文化精神内涵

一方面，乡村建设中要重点保护本地原有的红色文化基地，建设开发更多与红色文化资源相关的文化基地，如红色革命纪念馆、烈士陵园、革命遗址等。当地政府和乡村基层管理部门要加大资金投入，做好红色文化基地的日常修缮维护，建立健全地方红色文化基地开发利用制度体系，做到有效保护、适度开发、科学利用。在此基础上才能进一步利用红色文化基地开发乡村旅游业，并促进红色旅游业可持续发展。

另一方面，要在保护红色文化基地的基础上挖掘当地红色文化资源的内在精神教育价值和方法论指导价值，大力宣传弘扬红色文化精神内涵，实现红色文化资源的良好传承，为将红色文化精神融入乡村经济生态、文化建设奠定思想基础和群众基础。如在乡村振兴中定期对乡村基层队伍进行红色革命文化精神教育，在当地群众中大力宣传弘扬红色精神和革命品质，提高群众的红色文化素养。只有做好红色文化的保护传承工作，才能够为利用红色文化资源促进乡村全面、深度振兴，提供坚实的物质保障和思想前提。

（二）合理科学地开发利用红色文化资源进行乡村建设

当下乡村振兴对红色文化资源的开发利用最主要的问题就在于没有突破传统观念和模式，造成方法单一、观念老旧、收效甚微、资源搁置等问题，出现了在红色文化资源开发上"千村一面"的现象。因此，当下乡村振兴要发挥好红色文化资源的独特优势，就要进行红色文化资源开发利用观念上的革新、方法上的创新，充分展现出当地红色文化资源在乡村振兴中的独特优势，在乡村振兴的各个方面融入红色文化资源，根据乡村自身特点和红色文化内容探索出一套独具特色的乡村振兴模式。

（三）科学开发红色文化资源，为乡村振兴赋新能

首先，要做到红色文化与乡村生活生产活动全面融合。一方面，要深入挖掘乡村红色文化资源精神内涵，将红色文化体现和倡导的价值观和发展观纳入乡村日常生产、教育、文化、娱乐活动中，促进乡村红色文化基础设施建设，营造浓厚的乡村红色文化氛围，提高群众的红色文化素养。另一方面，要将红色文化全面融入乡村产业振兴、生态建设、基层治理、乡风文明建设、精神教育等多个方面，努力探索并发挥红色文化对于乡村振兴全方位的价值。

其次，要创新宣传开发方式，形成乡村特色，探索红色文化资源与乡村发展多元化结合模式。一方面，要探索"红色+民俗""红色+生态""红色+旅游"等特色化、多元化的乡村振兴模式，突破传统单一的融合模式，建立乡村特色红色文创品牌。另一方面，要积极运用现代媒介渠道进行当地红色文化特色产业的宣传和红色文化精神的弘扬。

最后，要引进并培养高质量人才队伍。高质量的领导队伍对提升红色文化资源融入乡村振兴的效率将产生巨大助益，乡村振兴中应加大对基层管理者相关素养和技能的培养提升，并积极引入人才对乡村振兴工作进行指导，实现对当地红色文化资源定位的准确把握和有效利用。

第三节　深挖红色文化资源，赋能乡风文明

众所周知，中国的革命通路是农村包围城市，武装夺取政权，所以农村作为战争时期的主要根据地，蕴含着一系列丰富的、宝贵的红色文化，其宝贵之处不仅在于它所展现出的历史光辉，更在于它在当前的时代依旧能够引发我们思考，能够在一定程度上给我们精神的滋养。因此，我们要在挖掘乡村蕴含丰富的红色文化这一得天独厚的优势的基础上利用好这一优势，将原有的红色文化转变成人民大众喜闻乐见的方式，有效地传播及推广红色文化，让这种红色文化深入人心，并深刻融入人们的生活中。

一、乡村乡风文明建设存在问题分析

（一）思想观念陈旧落后

随着市场经济不断深入发展，农民生活明显改善。改革开放以来，农村经济的发展大大地打开了农民的头脑，使得先进思想的风潮吹进了农村地区。但目前乡村在由传统向现代转化的过程中，部分农村地区依旧存在农民思想观念落后的现象。特别是长期发展落后的农村地区，很多思想上和观念上的糟粕已经在人们的头脑中根深蒂固，部分地区和人群受到早期"知识无用论"的影响，文化水平普遍偏低，农民的世界观、价值观、道德观产生错位，这就进一步导致农村的社会风气缺乏正确的引导。部分青年农民艰苦创业精神、勤劳致富思想较老一辈农民来说有所弱化。与此同时，当下农村人情攀比、大操大办、厚葬薄养、奢侈浪费的现象还存在。婚丧嫁娶比排场，人情份子讲阔气，在一定程度上加重了农民的经济负担和思想负担，同时也不利于乡风文化建设。

（二）农民文化活动良莠不齐

农民的文化水平很大程度上决定了农民的文化活动取向。部分地区留守在农村的大多为老人和孩子，文化水平相对较低，因此导致他们对于文化活动取向更加趋于简单化和娱乐化，对于文化活动内容的丰富程度没有过高的要求。比起看有教育意义的电影，人们更加喜欢溜墙根晒太阳。

文化活动形式贫乏，加之滞后的文化阵地建设，使得当前农村一些不良文化活动仍旧存在市场，直接影响着农村的社会风气。带有赌博性质的麻将、扑克等文化活动势头未能得到有效遏制，依旧是农民填补空白的文化娱乐活动方式。这些现象注定会成为腐蚀农村先进文化阵地建设的重要元素之一，必将会对农村社会稳定产生不小的负面影响，在一定程度上阻碍乡风文明建设的推进。

（三）文化基础设施建设不完善

近年来，由于三农问题的提出与发展，国家在一定程度上加大了对农村地区文化基础设施的投资力度，但大多数村庄的文化阵地建设仍然存在很大的问题，文化活动得不到应有的重视。

虽然目前一些农村地区建立了公共体育设施等相关运动场地，但配备器材设施有限，且部分地区的一些设施器材已经年久失修，不能使用。大多数村庄并未设立图书室、档案室等文化活动中心，即使在少有的设立图书室的村庄中，又出现内部书籍陈旧、破损，图书室极少开门等现象，相关文化活动中心的利用率极低，无法满足人民群众的需要。

乡村文化设施建设作为农村文明建设的基础保障，具有推动乡风朝着良好方向发展的重要作用，农村社会基础设施不完善，会进一步导致该地区缺乏培育乡风文明的阵地。

二、乡村乡风建设问题的解决路径

切实推进乡村乡风文明建设，需要在推进宣传与传承、强化引导与治理、促进协同与发展方面下苦功，以红色文化资源与乡风文明结合的软实力带动乡村振兴和社会主义新农村的建设。

（一）大力推进优秀乡村文化的宣传与传承

1. 加强红色资源的宣传力度

把红色资源纳入乡风建设和宣传的内容，扩大宣传面，创新宣传方式方法，拓展传播渠道，真正做到红色文化资源与当地优秀乡风结合，使得其家喻户晓、深入人心，达到潜移默化的育人作用。

利用好红色资源，传承好红色基因，关键在于做好优秀红色乡村文化一脉相承。借力传统，传承文脉，切实保护好农耕文化遗产，传承文明乡风、良好家风、淳朴民风。

2. 以文化人，以文育人

不断提高农村社会的文明程度。与此同时，为更好地使乡风文明建设与中华优秀传统文化相结合，要推动乡风建设的创造性转化与创新性发展，让乡风建设与新的时代意蕴相结合，让乡风建设彰显时代价值，从而更好筑牢乡风文明的重要基础。

（二）深入强化乡风建设的引导与治理

1. 推动乡风治理，要关注农民的现实需求

针对农民生活中的难题，切实采取有效的办法，帮助农民解决问题，在一定程度上有利于乡风建设的推进。另外，结合农民需要，整合现有基层公共服务阵地资源，因地制宜开展文明实践活动，提高农民群众的思想觉悟、道德水平、文明素养、法治观念，更好推动农民全面发展、农村全面进步，加快红色文化资源与乡风建设结合的一体化进程。

2. 加强乡村基层治理，让乡风建设与人治、法治相结合

所谓人治，就是使农民群众能够自觉主动地进行乡村治理，最大程度地实现群众自治。在乡风文明建设中仅仅靠村委会的力量是不够的，更要激发农民主动性与积极性，让农民参与到乡村治理中来，强化农民的主体意识，

激发其主人翁精神。与此同时，要对农民群众加强引导，使其主动意识到自己是乡风文明建设的主角。大力推动农民群众广泛接受基层群众自治这一观念，让乡村乡风治理活动真正有农民的参与，农民能够在乡风建设中积极主动地建言献策，才能够使得乡风建设的内生动力被激发，乡风与红色文化资源的结合才会受到农民群众真正支持，才能够达到理想效果。

所谓的法治，就是要推进乡风建设与治理制度化，完善村规民约，有效引导广大农民积极建设文明乡风。大多数农村都有村规民约，要进一步完善其在建设文明乡风中的作用。把村规民约的指定细化实化，使得村规民约标准清晰，操作性强，达到有效提高农民群众参与乡风文明建设的积极性的目的。

（三）积极促进乡风同红色文化的协同与发展

党的十九大报告指出，发展是解决我国一切问题的基础和关键，但发展必须是有效的发展、科学的发展。综观我国农村乡风建设所存在的问题，其根源是生产力落后。要解决这一根源问题，充分实现乡风文明建设与红色文化资源的结合，重要的前提是让广大农民的基本物质需要得到满足，即让农民吃饱穿暖、生活有保障。这样乡风文明建设与红色资源的结合才有了发展的物质基础。

在发展方面，要注重人才的培养与使用，广纳贤才为社会主义乡风建设注入年轻活力，推进乡风建设紧跟时代的步伐。同时，要加大力度对人才进行专门的业务能力培训，提升对乡风文明建设重要性的认识，优化服务意识和行政意识。

积极发展农村红色文化，以榜样的力量助力乡风文明发展。红色文化的精神是中国老一辈革命家们浴血奋战，用自己的生命书写出来的。民族需要英雄，时代需要榜样。在乡风与红色文化资源的结合与发展中，需要榜样充分发挥带头作用，以少部分人来带动大多数人，以榜样的事迹来感染、激励群众，共同投身于良好乡风文明，推动红色文化资源与乡风文化的结合与发展。

乡村振兴，乡风文明是保障。要充分调动广大农民群众参与的积极性、主动性，从思想上形成自觉、制度上形成规范、风气上形成氛围，用乡风文明"软实力"筑牢乡村振兴"硬环境"，为全面推进乡村振兴提供坚强保障。

文明的乡风有助于吸引更多的人到乡村生活定居、创业发展，可以成为乡村振兴的软实力。培养文明乡风，不仅要发挥社会主义先进文化的引领和主导作用，彰显乡村优秀传统文化的底蕴和价值，也需要发挥红色文化资源对于乡风文化的促进和优化作用。可以利用文化典型突出的红色民俗村寨，由点到面逐步发掘红色资源，宣传并传播红色文化，将原有的丰富的红色文化与乡村民俗有效融合，成为一种新时代下新型的乡风文化。

第四节　深挖红色文化资源，达成乡村高效治理

党的十九届四中全会指出："中国特色社会主义制度和国家治理体系是以马克思主义为指导、植根中国大地、具有深厚中华文化根基、深得人民拥护的制度和治理体系，是具有强大生命力和巨大优越性的制度和治理体系。"实现有效治理绝不能仅仅依靠法治与体制机制的约束，更要充分发挥文化资源这一软实力的治理功能。

传承红色文化作为一种精神动力，始终激励着我党众多党员干部不忘初心、砥砺前行。在推进乡村振兴的实践中，各级党员充分发挥着带头作用，积极调动农民群众投身到乡村建设中，形成乡村治理的新格局。有效治理是乡村振兴的基础，这是从政治文明维度衡量乡村振兴。从"健全自治、法治、德治相结合的乡村治理体系"的角度出发，在红色文化资源中提高党领导农村工作，创新乡村治理体制。不断强化党员干部的理想信念教育，把红色资源文化中蕴含的价值追求、精神风貌转化为拼搏奋斗和为民服务的精神

动力，将乡村基层党组织建设成坚强的战斗堡垒，以确保乡村振兴工作在各方面扎实部署并有序推进。

一、红色文化在乡村治理中的独特之处

习近平总书记曾多次强调红色文化时代内涵深远、价值意蕴重大。红色文化是党领导人民在革命中创造的优秀文化，具有鲜明的民族性、科学性、大众性。作为中国特色社会主义先进文化，红色文化在推动乡村治理层面具有时代赋予的历史与独特的优势，传承红色基因，能够充分激活有利于乡村治理的资源要素，推进乡村治理新格局的建设与构造。

红色资源是红色文化的载体，充分激发红色资源的精神伟力和实践价值，对于全面赋能乡村治理，走具有中国特色的乡村振兴之路具有重要意义。红色资源蕴含了中国共产党人的政治本色，在引领基层干部坚定政治立场、坚守政治原则、坚持政治方向、坚决政治道路方面有着不可磨灭的作用。

红色资源是中国共产党一百年来追风赶月，为实现"两个一百年"奋斗目标和中华民族伟大复兴不懈奋斗的实力彰显，红色资源有助于推动基层党员干部不忘初心，牢记中华民族历史使命，强化人民至上理念，克己奉公，廉洁自律，始终保持中国共产党党员的纯洁性和先进性，在乡村治理中一心为民、无私奉献。

二、推进红色文化与乡村治理结合的路径

目前，我国已全面建成小康社会。与此同时，乡村振兴也已经进入全面推进阶段，对治理主体的素质与能力也提出了更高的要求。中国共产党作为乡村治理的领导核心以及红色文化形成与发展的主体力量，要充分认识到红色文化在乡村治理中的独特功能，并加强实践，将这种功能切实贯彻到行动中，使红色文化这一"软实力"能够充分转化为乡村治理的内在动力，推动红色文化繁荣发展的同时提升乡村治理水平。

三、依托红色基因传承，加强基层党建引领

治理有效是乡村振兴的基础。红色文化是党领导人民在革命、建设和改革中创造的，具有鲜明的民族性、科学性、大众性。广大基层党员干部作为乡村振兴工作的"领头羊"，要加强红色文化的浸润，依托本地红色资源，抓实抓细党史学习教育，进一步坚定党员干部积极投身乡村振兴的思想自觉、政治自觉和行动自觉。通过持续强化教育，引导基层党员干部切身感受英雄先烈不畏艰险、迎难而上，自力更生、艰苦奋斗，敢为人先、忠诚为民等精神力量，增强文化认同和政治认同，从而形成紧紧围绕在党组织周围的强大磁场，不断增强党组织的向心力、凝聚力、战斗力，保持党组织的先进性和纯洁性，不断推进党组织的生机和活力在乡村治理实践中传承"坚持真理、坚守理想"的精神，培育"践行初心、担当使命"的精神，弘扬"不怕牺牲、英勇斗争"的精神，践行"对党忠诚、不负人民"的精神。

四、发扬红色文化精神，引导基层群众自治

当前正处在农业农村现代化转型的重要阶段，坚持农民的主体地位是推动乡村治理现代化的关键之举。这一过程需要政府和人民群众等多元主体的共同参与。这更加需要基层党组织通过一种内在力量凝聚群众共识，组织和动员人民群众广泛参与，增强群众的自律自治性。红色文化作为人民群众集体智慧的结晶，人民群众的参与是其产生、发展最为重要的主体力量，也正是因为民族自觉性与主体意识的觉醒，推动了社会大众团结起来，主动汇聚在中国共产党周围，推动中国革命事业在党的领导下一步步走向成功。当前，承扬红色文化精神，能够激发民众的公共参与意识，促使其主动进入乡村治理场域，自觉参与基层政治生活。所以，要发挥红色文化在乡村现代化治理中的独特功能，凝聚社会共识，激发其参与治理的主动性和积极性，以宽容、友好、团结合作为核心的公共精神激励群众自律自治，进而促进多元治理主

体团结协作、有序参与，不断满足人民群众对美好生活的需要。

五、根植红色文化基因，推动基层法治与德治

党的十九大报告指出，加强农村基层基础工作，健全自治、法治、德治相结合的乡村治理体系。"法治"作为一种约束力量，在一定程度上强有力地确保了乡村治理现代化的制度性。

发挥红色文化在乡村现代化治理中的社会整合功能，需要依托红色文化，制定常态化机制，提升制度的效能，为乡村社会的和谐发展与治理效能的提升创造良好的法治环境。乡村社会法治环境的建构要在坚持红色文化精神的前提下，加强法治体系建设，推动治理能力提升，促使治理成本降低，从而达到保障和谐稳定的乡村社会秩序的目的。

"德治"在一定程度上说，既能够滋养自治，又能涵养法治，对培育和提升群众道德素养具有基础性与前提性的作用，贯穿于乡村治理现代化全过程。而红色文化作为中国特色社会主义文化的重要组成部分，其传承与赓续能为乡村治理的现代化培育道德公民。从社会发展的动态演变历程看，道德体系永远是人类社会治理中一股不可或缺的治理力量与存在状态。一个不讲道德的乡村，注定是一个没有根与魂的地方。因此，要充分利用红色文化加强道德建设，教化、培育村民的道德意识与家国情怀，涵养公共品德，提升群众的思想道德素养，为乡村治理提供多元主体。

新时代背景下，乡村振兴战略的实施对于红色文化资源开发来说是一个不小的挑战。要在优化顶层设计、倡导共享理念等方面进行实践反思，大力发展有关创意产业，将其融入乡村生活，同时加强对它的开发与技术创新，进而建立起适合实际情况的契合机制，达到乡村的高效治理。因为这是乡村振兴的基础，并且是从政治文明维度的衡量。从"三治"相结合的角度进行乡村治理，形成高效相关体系。

在红色文化资源中提高党领导农村工作，对其体制实现进一步创新。首

先，从健全自治上看，在开展红色文化宣传之前，要侧重对乡村现有不良风气的整治与管理，做到肃清源头，健全自治，打好地基。其次，在法治角度，应出台并落实相关乡村管理制度，以及相应的配套措施去支持红色文化资源的开发与宣传，做到有法可依，拥有良好的法律保障。最后，从德治方面看，在清本溯源和有法可依的条件下，大力推广并宣传红色文化，发挥红色文化对大众心灵的洗礼作用，促进文化的宣传与传播，开展理想信念教育，对党员干部和人民群众都要进行理想信念教育，深挖红色文化精神内核，结合内在潜动力逐步达成训练有素且高效认真的乡村治理体系。

第五节　深挖红色文化资源，构建乡村富足生态

乡村振兴战略的根本目标是实现生活富裕，其最终目的是让村民过上幸福美满的生活。应以提高农民收入为切入点和落脚点，拓宽农民增收渠道，让群众的腰包鼓起来。

一是带领群众参与乡村建设，开展多种合作形式，让农民群众在市场中占主导地位。

二是加强农民对技术的学习，使其掌握高效便捷的生产劳动方式，在节省人力、物力的同时增加收入。

三是政府领导要积极配合并支持乡村红色文化建设，做好农民与市场之间的纽带，拓宽乡村收入渠道，带动农民实现共同富裕。

乡村振兴不仅局限于达成"口袋富裕""脑袋富裕"的目标，还要注重"心态富裕""生态富裕"的实现，是"四位一体"的富裕。本部分基于上述文化资源对乡村的价值阐述进行探究，创设乡村生活富裕与红色资源的融合机制。

一、提高参与度，培育主人翁精神

提升广大农民群众参与乡村振兴的积极性。广大农民群众是乡村振兴的主力军，要广泛依靠农民、教育引导农民、组织带动农民投身乡村振兴、建设美好家园。为此，应增强农民群众主人翁意识，健全基层党组织领导的、充满活力的基层群众自治机制，充分保障广大农民群众的知情权、参与权、表达权、监督权，拓宽其参与乡村治理的渠道和途径。围绕产业兴旺、生态宜居、乡风文明、治理有效、生活富裕的总要求，通过多措并举，让广大农民群众思想活起来、志气强起来，不断为乡村振兴贡献力量。

二、融入振兴项目，增加农民收益

乡村振兴离不开各级各类产业与项目的实施，把农民深度融入乡村振兴项目，增加农民收益，是提高农民积极性，使农民持续参与到乡村振兴中的关键所在。因此要从振兴项目的源头出发，在对产业及项目进行设计之初，就要把农民考虑进去，融入农民的因素，站在农民的立场上思考问题。

在项目实施过程中，更要做到一切为了农民，一切依靠农民，一切发展成果由农民共享。在使得广大农民群众的聪明才智和创造精神得到充分发挥与利用的同时深度挖掘当地红色文化资源，在提升经济动力、传承民俗文化、推进乡村建设、加强生态环境保护等方面对新产业新业态进行开发与创造，增加农民的收益。这样才能够使广大农民群众的创造潜力得到充分利用，真正转化成强大动力以此全面推进乡村振兴。

三、凝练时代精神，倡导自觉参与

全面实施乡村振兴战略的深度、广度、难度都不亚于脱贫攻坚，要完善政策体系、工作体系、制度体系，以更有力的举措汇聚更强大的力量，加快农业农村现代化步伐，促进农业高质高效、乡村宜居宜业、农民富裕富足。

要使农民参与乡村振兴，要将法律手段与信念手段充分地融合。适度发挥法律手段的强制性，制定与实施乡村振兴法，明确农民参与的责任和义务。与此同时，加强信念手段的主观自愿性和可持续性，通过精神感染人、激励人。事实证明，单一的法律手段难以有效促进农民参与，过度发挥法律的强制性或许会适得其反。因此，更重要的是侧重于积极传承发扬农民参与乡村建设的时代精神，营造"乡村是我家，振兴靠大家"的积极氛围，倡导农民自觉主动地参与其中。

四、加强对于技术的学习，掌握高效便捷的生产劳动方式

近年来，我国经济水平有所提升，现代化程度大大加深，这对农业技术的发展提出了新的要求。新时代的农业技术要与时俱进，要同当前现代化社会的发展水平相适应。因此，农民要加强对于技术的学习，相关人员要做好农业技术深化推广工作，使我国农业的生产劳动方式更加高效便捷，农业农村生产更加趋向现代化。

五、加快培育高素质农民

根据农民具体情况开展培训，充分掌握农民的需求，切实保障农民技术培训的效果。基于此，相关培训部门应打开一条农民的需求反馈渠道，充分地了解农民需要，在此基础上确定具体的培训内容。同时，更要结合当地特征安排培训，根据不同农村地区的不同特点，在开展农业技术培训工作时，对农民所处的地域与经济条件进行综合考虑，具体分析各种情况与需求，以此有针对性地开展培训工作。

六、打造现代农业产业技术体系

一项政策的实施离不开政府的大力支持，打造现代农业产业技术体系也是如此，加大政府投入力度，实现对农业技术体系的有效打造。当前我国对

于打造农业技术体系的资金投入力度远远不够，因此，政府应加大力度扶持农业技术体系，掌握农业技术体系打造的主动权。同时，政府应加强对于农产品市场的干预，对农民进行技术与政策的支持，避免一些地区的农业发展出现停滞。加大对农业技术推广方面的关注，采取科学的扶持政策。在对农民进行实际的推广时，推广人员应注重采取理论与实际相结合的方式，将农业技术用浅显易懂的方式传授给农民。

七、农业现代化与信息化深度融合

当前，农业现代化与信息化的融合发展正在深刻改变着千百年来我国传统农耕场景。要建立与现代化生产体系、产业体系相适应的生产经营体系，以满足现代农业发展对生产规模、经营者素质及产业联合的要求。现代农业是由现代生产体系、产业体系和经营体系构成的有机整体。由传统农业向现代农业的转变是一个系统工程，需要统筹先进生产要素导入、生产经营方式变革和产业链优化，让先进生产力与生产关系相匹配，营造现代农业发展的环境。实现从传统农业向现代农业的转型，要广泛引进现代生产要素，特别是要强化农业科技的创新和应用；要积极推动农业生产经营方式变革，培育新型经营主体，推动农业适度规模经营；更要构建支撑农业全产业链重塑的产业平台，强化产业引导和服务，推动一二三产业融合发展。

八、加强乡村红色文化建设，带动农民实现共同富裕

政府领导要积极配合并支持乡村红色文化建设，做好农民与市场之间的纽带，拓宽乡村收入渠道，带动农民实现共同富裕。

九、拓展红色产业链条，催生新产业新业态

对红色文化资源的经济价值进行合理利用，能够促进城乡红色文化产业融合发展，拓展延伸红色文化乡村产业链，促进农民就业、增加农民收入。

在这一过程中，要结合本地区红色文化资源特色，制定完善乡村红色文化产业发展整体规划，找到红色文化资源合理挖掘利用与乡村振兴的对接点，夯实红色文化产业发展基础。比如，可考虑引入各方资源要素，参与红色文化相关产业的开发运营，用整体性、一体化的思路整合现有资源；重点抓好高层次红色教育培训项目建设，拓展提升红色文化产业融合发展路径等。

十、加强红色遗迹设施的保护利用，走好生态兴农路

许多革命老区地处偏僻山区，经济基础薄弱、生活条件落后。但同时，这些地区又往往可能拥有自然生态优势、革命历史文化优势以及优秀传统文化优势等。要充分利用这些优势资源，加强对红色遗迹等建筑、设施的合理开发、保护利用，加强乡村基础设施建设，用红色文化的传承与弘扬助推乡村绿色生态发展，以"红色+民俗""红色+生态""红色+美丽乡村"等特色化的建设和发展模式，打造宜居宜业的红色文化生态特色村，提升农民群众的生活品质。

中国共产党自 1921 年成立以来，始终将人民对美好生活的向往作为自身最根本的奋斗目标，团结带领人民向着全面建成小康社会不断迈进。1921～2021 年，中国共产党历经百年风雨、不懈奋斗，实现了第一个百年奋斗目标——全面建成了小康社会，为实现中华民族伟大复兴迈出了关键一步。我国在实现全面建成小康社会这一目标的同时，也使得农业朝着绿色方向发展、乡村向着繁荣目标发展，农业农村生态环境质量有了明显好转，良好生态环境托起了最普惠的民生福祉。国务院发布的《中国的全面小康》白皮书中，概括出我国全面小康的内涵和范畴的"三个全"，分别是五个领域全覆盖、全体人民全惠及、城乡区域全共同。农业农村生态环境建设既是全面小康的题中之义，也是推动乡村高质量发展的内在要求。

第五章　总结与展望

总体来看，红色文化资源在乡村振兴发展中有三点意义与作用。

第一，红色文化资源的挖掘可以逐步与乡村振兴战略发展融合，红色文化资源是乡村振兴战略提出的重要源泉，宏观上或在潜意识里，从价值观的角度引导着乡村振兴战略工作的前进方向，使乡村振兴工作朝着更健康、更科学的方向发展。从空间上看，红色文化资源挖掘是乡村振兴的一大助力，在红色文化挖掘这个过程中，将有力促进乡村的进一步振兴。党的十九大提出了有关乡村振兴战略的五个要求和思想路线："生态宜居，产业兴旺、治理有效，乡风文明，生活富裕。"红色文化资源存在于各地乡村之间。合理开发利用当地红色文化资源不仅可以促进当地经济进步、产业发展，还能够促进生态环境改善，建设美丽和谐家园。

第二，红色文化资源的挖掘是乡村振兴战略发展的价值风向标。红色文化资源挖掘对乡村振兴的融合发展有着道德价值净化的作用，在文化资源挖掘的过程中，应择优选择并进行相应的调节，从红色文化资源中挖掘出精华进行传递。有了积极的红色文化资源及正确的价值选择这些内在因素，乡村振兴的发展才不会偏离既定的目标。与此同时，推动乡村红色文化的挖掘与传播，还能够提高居民的红色文化意识，扩大红色文化在广大群众之间的影响力，继而逐步实现社会主义精神文明建设。

第三，红色文化资源的挖掘为乡村振兴战略发展提供创新动力，红色文化资源促进了乡村振兴创造性发展。红色文化资源内容的更新、理论的升华、方法的改进都将赋予乡村发展新的含义。乡村振兴工作本身蕴含着强大的精神动力，应使其结合红色文化资源挖掘，从而提供众多实践机会。

党的十九大提出了乡村工业化振兴国家战略，是贯彻实践新千年发展目标理念，建设国家现代化创新型经济强国战略部署的具体生动实际体现。党的十九大报告明确提出：始终坚持把切实解决好当前"三农"战略问题作为推进全党工作大局的重点。党中央将乡村振兴战略放在了至关重要的地位，其原因在于乡村振兴和三农问题是关系国计民生的大问题，也关系着中国实现两个一百年的奋斗目标，关系中国农村未来改革发展之方向选择与农民命运发展的国家重大总体战略。也就是说，乡村发展振兴问题不仅关系到当下农村现实问题，而且关系中华民族伟大复兴的发展问题。

在中国建设迈向发展新时代战略的发展大框架背景指导下，探索出具有特色优势的农业乡村发展振兴奔小康之路，是新形势下一个具有十分艰巨、具有强烈挑战性要求的战略性新课题。从党的十九大经验报告精神，十二届中央农村工作会议，以及总书记的一系列关于实现乡村经济振兴跨越的重要讲话等可以看出，迈向一个新时代的社会主义乡村建设振兴发展战略，是一系列基于时代新思维、新时代理念、新思路方法和发展新视野谋划的社会主义伟大战略。

乡村振兴战略的提出是对马克思列宁主义的传承与发展，在对红色文化和传统文化进行融合和传承的同时，与我国现阶段具体国情、社会主要矛盾以及共同富裕的基本要求相结合，从而思考如何进一步解决"三农"问题的一个重大理论成果。乡村振兴的内容包罗万象，包括基层组织建设、特色产业、人居环境、文明乡风等方面，而挖掘和利用红色文化资源，在这些方面都能发挥不可替代的独特作用。

全面扎实推进西部乡村经济振兴，必须始终立足乡村特色资源，因地制宜创新发展现代乡村度假旅游、休闲创意农业观光旅游等一批新兴产业或新业态。挖掘研究和整理利用乡村红色文化资源可以直接帮助促进我们进一步发展地方特色产业，找准了红色主题旅游资源和推进乡村红色旅游振兴工作的一条有效战略连接点，大力宣传发展乡村红色主题展览、红色乡村旅游、红色研学等产业业态，引导和鼓励农民发展特色种植业和养殖业，让广大群众共享乡村振兴的发展成果。

红色文化资源与乡村文化融合是乡村振兴工作的重点，挖掘整理、开发保护要注重展现特色、发挥优势，避免"千村一律"。乡村文化产业的发展必须独具特色并富有内涵和感染力，把握好红色文化资源与乡村文化融合的精神内涵和价值理念，坚持正确的导向和理念，坚定不移走正确的发展道路，不过度追求经济利益，避免使乡村红色文化出现娱乐化倾向。同时，深入挖掘乡村红色文化的深层次内涵，对于红色文化的研究绝不能仅仅停留在表面，杜绝形式化的倾向出现。红色资源挖掘与乡村振兴融合发展研究，极力挽救由乡村人口流失导致的红色文化振兴失去内生动力的问题，以做到全面发展、做好顶层设计、倡导共享理念等方面为出发点，通过一系列实践研究，推进红色文化资源融入乡村生活，促进其开发实现技术创新，提出了一套符合实际情况的发展实现路径。该路线为乡村红色文化与乡村振兴的构建提供理论支撑，还为红色文化资源的深度开发提供发展指引，更为地域红色文化宣传创新产业培育创建提供有力实际参照。通过对红色文化资源与乡村振兴战略五个要求和思想路线的实践研究和方法讨论，得出在全球化新媒体时代下适合吉林红色文化宣传发展实际的机制，为增强乡镇民众文化的融合统一，推动区域社会经济发展，以及实现"两个一百年"奋斗目标提供些许实证性的建议。本书对红色文化资源和乡村振兴情况进行全面调查研究；对当前资源开发利用上的薄弱环节提出行之有效的机制和建议；如何让红色文化和乡村振兴成为人类自觉的对象性活动中两个互相关联的因素，如何让红色文化资源成为实现乡村振兴的方法、途径，在有目的、有对象的活动中兼顾主体与客体之间的关系，在主客关系中占据主导地位。形成"产业兴旺、生态宜居、乡风文明、治理有效、生活富裕"的红色文化资源与乡村振兴战略的融合发展机制。

让红色基因代代相传，要求我们必须充分把握红色基因的内涵实质和传承规律，落实好基础性工作并构建起科学化体系，把传承红色基因与培育时代新人有机结合起来，在新的历史起点上当好红色基因的传承者和实践者。

红色基因是中国共产党领导人民群众在伟大斗争实践中孕育的先进思想因子的结晶，是中国共产党优秀传统、思想路线、先进本质、精神风范的集中体现。中华人民共和国成立70多年来，红色基因在社会主义革命、建设和改革开放的伟大历程中薪火相传并蓬勃发展，成为中国人民独特的精神标识。红色代表着希望、胜利、创造、勤劳、勇敢、自力更生、艰苦奋斗、不怕流血牺牲等。是中国共产党价值追求和中华民族伟大精神的生动体现。红色基因彰显马克思主义的先进性、真理性，是中国共产党人信仰、作风、道德、革命精神、革命传统等的综合体现，具有鲜明的民族性、科学性、大众性。对于培养党员干部的斗争精神具有重要作用。

不断加强和改进红色基因的宣传教育工作。加强红色基因的宣传教育是做好当前意识形态工作的重要内容，也是一项传承红色基因的基础工作，为此我们一定要坚持正确的政治方向，牢牢掌握红色基因宣传教育工作的领导权、管理权和话语权，创新理念和手段，把红色基因的宣传教育与培育和践行社会主义核心价值观结合起来，科学合理地挖掘利用红色资源，依托丰富多彩的活动，开展宣传教育。特别是把红色基因融入高校大学生思政教育，能够进一步丰富高校大学生思政教育内容，激发大学生爱国主义情怀，帮助大学生树立起坚定的理念，培养大学生建立正确的人生观、价值观和世界观。

当前，红色基因在融入高校思政教育工作中还存在不足之处。红色基因是中华民族的精神纽带，是中国共产党的精神内核，在新时代的背景下，传承红色基因的高校大学生思政教育具有新时代的特点和内涵，还面临着新的挑战。对革命历史的认识不够全面、爱国主义观念淡薄，对红色资源运用的形式单一、红色资源开发不系统等现象，致使利用红色文化资源没有达到预期效果，而这些问题本身主要来自学生、高校和社会相关方面。这些问题也制约了现阶段高校思想政治理论课教育为能高效地完成其教学目标，使高校思政教育工作没有达到同频共振的最优化效果，化解这些问题的关键，应深度研究这些宝贵的红色文化资源与思想政治理论课程教学的内在联系，使课堂教学、实践教学和网络教学三者有机融为一体。搭建互通性网络教学平台，形成一个完整的红色资源教育生态圈。即"3+1"模式，使学生由感性认识上升到理性认识、由实践体验上升到理论认同，进而上升到信念构建的教育模式。"3+1"教学模式的特征，即完整教学体系，"一体化"的教学模式使课堂理论化教学和实践化教学相互结合、融为一体，课程的重点放在学生分析问题和处理问题能力的培养上。从而形成相对全面的教学体系。改变教学方式，从之前传统的教学方式变为三位一体的教学模式能增强教师的教学效果，为学生学习效能提供有力保障。

　　"3+1"教学模式的构建，建立了"理论+"课程体系。根据思政课程特点，结合融媒体视域下红色文化优势。由此生成具有课程特色的红色文化教学材料，如"形势与政策"课和"学习筑梦"课等课程，虽有相互重复的教学内容，但其侧重点不同。为避开教师教学过程中内容的叠加，教师应开展集中备课，集体交流，并且相互团体协作。同时，要求高校思政课的传授过程中，要深度挖掘和运用红色文化教育教学素材，旨在加深对吉林红色精神的理解，提升大学生思想政治教育的实际效果，帮助高校学生自觉树立崇高的理想信念和爱国主义热情。形成"网格"SPOC（小规模限制性在线课程）的翻转课堂。利用学校"超星尔雅"平台，采用线上线下混合式教学方法，以学生为主体，以问题为导向，以问题讨论等形式作为基本教学方式，调动更广泛空间的丰富信息资源形成合力共同提升网络时代背景下的思政教育效果，营造实践教育氛围，组建学生红色文化社团，以三下乡学习筑梦活动为切入点走出传统教学。让小课堂走入实践大讲堂，在纪念日活动期间，去爱国主义教育基地进行实地学习，激发学生学习红色文化为导向的思想政治理论课程的积极性，充分发挥和调动学生骨干的参与作用、辐射作用，引导学生在红色课堂背景下，自我教育、自我管理和自我服务，从真正意义上将努力传承红色资源融于当代大学生成长过程之中。

红色基因是中国共产党的一笔宝贵的资源。它承载着无数中国共产党人在改革建设和革命实践过程中的优良作风及革命传统体现出的红色元素，将其融入高校大学生的思想政治教育是中国社会宏观上的环境客观变化的要求，应进一步挖掘和剖析红色文化蕴含的精神内涵和社会价值，把红色资源融入高校思政教育中，渗透到大学生生活的各个方面，同时注重大学生思想政治教育的社会效应，根据当代大学生的思想特点，充分考虑大学生的接受能力和教育需求，寻求一条切实有效的思政教育新思路。要将红色资源转化成新时代教育的推动力，成为大学生思政教育的"活载体"、活课本、活平台，达到在丰富和发展思想中让教育内容实现高校思想政治教育工作的根本目的。

附录一　高校思想政治教育中儒家文化传承路径探究^①

党的十八大明确提出要建设优秀传统文化传承体系，习近平总书记在众多场合反复强调儒家学说和儒家思想对中华文明的深刻影响，是中华传统文化之不可替代的重要组成部分。高校作为意识形态教育和文化传播的主阵地，承载着传承优秀文化基因之不可推卸的责任、担当着建构中华优秀文化传承体系的重要使命，在思想政治教育工作中深入解读儒家文化、明晰儒家文化与高校思想政治教育契合相通之处、不断创新教育方法、探索建立传承儒家文化的有效路径和长效机制，已成为高校发展中的一项重要任务。

一、解读儒家文化

儒家文化诞生于春秋时期，时值新旧社会更替、社会动荡频繁、矛盾重重、礼崩乐坏致文化激荡，各利益集团都试图吸收不同思想文化、独树己见以使自身地位得到大大提升。文化领域表现为儒、道、墨、法等诸家争鸣局面。以大教育家、思想家孔子为代表，顺应时代发展，主张恢复周礼、天下归仁并不断加以完善，其主旨是使社会秩序得以恢复、使文化认同得以回归，至孟子、荀子等形成儒家流派，逐渐确立以礼为核心的思想文化体系，到汉

---

① 本附录收录于《和田师范专科学校学报》，2017，36（3）．

代形成独尊。从各种文化交锋中脱颖而出、历经千载社会与文化积淀的儒家文化，成为中华生生不息的文化之根，深植于国人的血脉之中。儒家文化历经先秦的原始儒学、两汉之政治制度化宗教化儒学、宋明清时期的性理之儒学、近现代新儒学等发展阶段，其内容广博，涉及哲学、政治、历史、文学等诸多方面，兼具物化和精神两种形式。

儒家文化既强调执政者之"为政以德""约之以礼"，又对个人修养提出道德要求，具有鲜明的道德性与理想人格追求、政治性与修齐治平并重、民族性与尚道精神传承等特征。

儒家文化强调的执政道德，居于重要地位的当数"忠、恕、公、智"等德目，要求为政者尽其所能不遗余力对待他人、站在别人立场理解宽容他人、有胸怀天下忧国忧民的政治品格、有知之为知之、不知为不知的实事求是的态度。儒家学派亦提出了"中庸"的执政方法，"中庸"绝非不讲原则、人云亦云，而是正确权衡后的恰到好处。

儒家文化中有丰富的亲民、安民之法，突出体现在"贵、养、富、乐"四个方面，即"贵民""养民""富民""乐民"。贵民思想即以民为贵，"民贵君轻"；"养民"体现在孔子的"节用而爱民"和孟子的"以善养民"，要求统治者了解民众的疾苦、从善而行，才会赢得民众的认可和拥护；"富民"思想是儒家文化政治智慧的又一体现，儒家提出许多"藏富于民"的方法，认为财富取之有道，民富，国自然有盈余："与人乐乐""王与百姓同乐""先天下之忧而忧，后天下之乐而乐"等，体现着儒家的"忧在乐先"的政治情怀和懂得百姓、与民众和谐沟通的"乐民"思想。

儒家文化有丰厚的人文资源，崇尚"人最为天下贵"的人文精神，建立了以家庭为本位、以仁为原则、以礼为准绳的旨在维护等级秩序的集个体、家庭、社会于一体的伦理道德规范体系。"仁"与"礼"可谓儒家文化的核心价值理念，《论语》中109次出现"仁"字，它强调个体内在的修为意识与心理，进而推及"爱人"，由个体自身道德修为感染人、爱人。"仁"之内涵付诸政治实践演绎形成了"仁政"思想，孟子把"仁"视为"四端"（仁、义、礼、智）、"四心"（恻隐、羞恶、辞让、是非）说之首位，从个体到家庭、社会、国家，不仅建立了良好和谐的人际关系，更成为稳定家庭、社会和国家的重要基础；而"礼"则是外在的人的行为和社会秩序的规约标准，儒家认为"仁"与"礼"密不可分，"礼"是"仁"的外在表现，"复礼"是"仁"的最终目的。统一的人伦道德、稳定的家国秩序，大大提升了社会修复能力。董仲舒在"四端"基础上加上"信"字，即为他的"五常"思想，"五常"为"修身之道"的重要内容，抛开其封建色彩，其对后世尤其对今天和谐社会的构建、个人素质提升的借鉴意义不能抹杀。

儒家重视以"修身为本"塑造"圣贤君子""志士仁人"的个体理想人格，强调个体人格追求与社会价值实现紧密结合，几千年来形成一整套完整的生命教育观、生态伦理观、生活德育观等思想道德体系。

儒家文化中"和合"思想亦颇具代表性。儒家思想无论是在提升思想观念、追求理想目标，还是在实践方法的运用方面，始终贯穿着"和合"思想（"天人合一"的自然法则、"中和为道"的人生准则、"仁爱修身"的处世哲学），强调"和合"的普遍性、整体性的同时，施以中庸之法。

儒家优秀道德中，诚信千百年来为人所传承和推崇。"诚"与"信"一直作为儒家基本的道德规范和原则。孔子的"信"包含信任和信用双重含义，"信则人任焉"即为信任；"人而无信，不知其可也"即为信用。荀子谈信，既要信"信"，又要信"疑"，意指无论是对人还是对事，相信可信的，怀疑可疑的。怀疑可疑亦为信。其道德旨归为教人诚实守信。

儒家文化也强调个体的道德责任感和道德评价能力提升。孔子主张不掩饰过错，孟子更注重改过迁善，认为改过迁善的前提是"知耻"，唯有"知耻"才会有道德责任感，才能唤醒、恢复人的善良本性，知耻而后经改过达致迁善之目的。

二、儒家文化之思想政治教育价值蕴涵

儒家文化作为传统文化之主流，承袭中华文化之传统并与时俱进，超越时空与等级藩篱，彰显着中华文化之道德智慧，于时下高校思想政治教育价值蕴涵极为丰富。

（一）"性善""尚德"的教育理念

儒家信崇"性善"观，《三字经》开头便是"人之初，性本善"，以人初性善为基调，这是儒家基本的人性论，德育先师孔子认为有"性近""习远"之区分。在《论语》中，孔子多次谈到"仁"，"仁"恰是儒家思想体系的核心，"为人由己"强调的是人自身具有的内在修养，非后天铸造，"成仁"必然是回归人性本身，即向人性之本善回归，经善积而德成，终成仁。孟子的"恻隐之心，人皆有"明确主张性善，并将"所不虑而知者"，谓"其良知也"，并认为人人在孩童时期爱其亲、及长之时敬其兄，这充分体现了"人性本善"的思想。儒家先贤们有诸多有关"良能、良知"的论述，不同程度地传播着"人性本善"的思想理念，以此为前提，宣扬"仁爱"思想。

儒家伦理思想的基点在于人本观照，对人的价值充分肯定，对人格尊严高度关注。孔子的"天地之行人为贵"即是这一思想的深刻体现，进而孔子又强调人皆有良知，人人都有其与生俱来的充满道德意识的内在价值。孟子的"所欲有甚于生者""所欲有甚于死者"强调了人格尊严、人的价值胜过"生"，丧失人格胜过"死"，也体现了对人格尊严的注重和对人的价值的肯定。承袭这一传统，形成了中华民族特有的心理结构和行为模式。一方面强调个体内在修为，修得做人尊严；另一方面尊重他人人格。

儒家优秀文化尚德、重德，非常注重德教。《论语》中多处从不同的层面论及"德"，"崇德""君子之德"（《论语·颜渊》）、"以德报德"（《论语·宪问》）、"道之以德"（《论语·为政》），孟子的"以德服人"（《孟

子·公孙丑上》）等，我们不难看出，德的指向不单是个体自身，而且也指个体对个体、群体，进而扩展到整个社会。

高校思想政治教育理念既传承儒家文化精髓，又结合时代特点与时俱进，是发展了的道德教育，其重要依托必然是儒家"人性本善"这一精要，其重要旨归是达致"真、善、美"的和谐统一，而"真、善、美"正是儒家思想之终极价值追求，因人性之"本善"，以此为支撑，任时代变迁、任教育形式转换，人们向善的追求会恒久不变，意即任何社会历史条件下的人们都会对深处其文化里的美好道德"于我心有戚戚焉"。高校思想政治教育倡导以学生为本，其重要内容是基本的伦理道德思想，接受思想政治教育也就是在敦促人"向善"，二者是同一个过程，施教者试图激发人性中本善的因子并与之产生共鸣，将理论说教真正内化为学生高尚的品格，以此为基础"向善"得以进一步升华为甘于奉献、勇于牺牲的爱国主义、集体主义、大无畏的民族精神，最终大大提高了思想政治的教育实效。

（二）以文教孝的教育根基

"孝悌"为中华民族传统美德之一，居于中华传统道德体系之核心地位，是个人品行的基本衡量尺度，也是高校思想政治教育的道德根基。儒家主张"仁爱"，强调"仁以孝为先"，孝从爱父母开始，与人的认知规律相符合，是人的道德意识养成的起点。苏霍姆林斯基将"要爱妈妈"作为他所创办的中学的校训，验证了"爱妈妈"是个人所有道德情感发展的基点，一个爱最亲、最关心、最呵护他的人，才会爱他人、爱家庭、爱集体、爱故乡……推及开来，爱自己的国家已然成为他生命中不可或缺的重要情感。

"夫孝，德之本，教之所有生也"（《孝经》）、"教之道，贵以专"、"有余力、则学文"……儒家主张孝道可教，教道贵专即教人修德以养性、立身以正命。修德以行孝为前提，行孝至完美，若仍有余力，就可以学习知识，是谓"以文教孝"，奠定了"仁教"的根基。历经几千年的教育传承，虽时代在变、教育观念在变……但人性本善未变、孝道共鸣未变，"孝"依然是考量国人的道德底线，是"移孝忠国"的基石。孔子将孝道视为"至德要道"，主张孝于事亲始、事君中、立身终"君子务本，本立而道生"。并将孝道与治国结合起来，认为孝为根本，行孝则安分，成人务孝之本才能生道，"起心动念才能合道"，离开了孝之本，一切美德都会成为无根之浮萍。

反观今日之思想政治教育，难于见实效的症结何在？漠视优秀传统文化、缺失孝道……重拾孝道无疑成为高校思想政治教育的要害。

儒家关于孝文化的经典文献为高校思想政治教育留下了丰富的宝贵资源，古圣先贤们给予"孝道"以最好的诠释。教育主体必须充分发挥主观能动性，积极响应习近平总书记"把中华民族优秀传统文化不断传承下去"的号召，立足于以文教孝，在高校思想教育中普及根植孝道扎根教育。不断更新教育理念，实现教育方式由灌输式向启发式转换，创设各种条件、营造有利氛围，将"孝亲理论"内化为教育主体的"孝亲品格"，使感恩之心、责任之心从受教育者内心深处得以升华。"亲亲"至"仁民"，升华为爱国主义和集体主义的高尚情操，由"孝"及"仁"至"忠"层层递进，于润物无声中实现思想政治教育的教育目标。

（三）上行下效的教育方法

我们党的历代领导集体都高度重视对国人进行思想政治教育的特殊重要性，把思想政治工作提到"生命线"的高度，视为统摄经济和其他一切工作全局。

思想政治教育有较之普通知识教育不同的特殊性，除言语知识传授外还要注重身教。教育者的德行对受教育者有超强的示范作用，意即"上行下效"，能否把握思想政治教育的特殊性对思想政治教育工作取得预期实效性至关重要。

"上行下效"源于儒家"人性本善"的基本理念，是对"人性本善"思想的补充。孔子认为上礼民不敢不敬、上义民不敢不服、上信民不敢不用情，治国者"为政以德"，则"众星拱之"（《论语·为政》），古代儒家治国之

"修身克己"思想，探求"身教""言教"二者辩证关系，于今之思想政治教育工作依然行之有效。居上位者德性操守如何，必会得到下位者的效仿，推及思想政治教育施行者必须要以身作则。孔子列举舜治理好国家的原因在于舜王先修身为德之典型，民自效仿，整个国家运行畅通，以此来说明上行下效是具有可行性的。

思想政治教育兼具文化和政治双重特性，在吸收借鉴传统文化精要的同时，思想政治教育者身教绝不能忽视。新中国成立之初，毛泽东等老一辈革命家身体力行，大力倡导"艰苦朴素，勤俭持家"，各级领导干部争相效仿，形成全国"勤俭节约，爱厂爱家"热潮，创当时时代之"国风"。新时期思想政治教育工作难以见成效，究其原因，教育者缺乏"身教""反求诸己"的精神，说与做两层皮，一面宣扬高尚理论，一面践踏伦理道德。贪污腐败、官僚作风、损公肥私，丢下师道尊严借教师节吃、拿、卡、要等丑陋现象并不鲜见，不但没有起到榜样示范的作用，甚至带头行恶，结果可想而知。所以，思想政治教育主体必须提高自身的"上行下效"意识，不断提高自身道德素养，正己正人、以身作则、严于律己，教育的施行者心有仁、行有德、常自省内省，自然会潜移默化地影响、带动学生养成自我反省的习惯，从学习、生活中点滴小事、细微处做起，必将为思想政治教育实效性提高和学生综合素质增强提供不竭动力，出现"民礼、子孝、生谦"的和谐局面并非难事。

（四）知行合一的教育实践

明代王阳明针对时下学士空谈义理、遗忘身心修行的积弊，扬弃程朱理学提出了知行合一说，试图恢复儒家本源意义上的知行统一。追本溯源，先秦儒家积极倡导知行合一、知行互生共进，既关注省察个体自身的道德，也注重检验行为，更注重道德培养。可以说知行合一为儒家思想的重要指导理念之一，经典文献中多处论及这一观点，主旨是倡导德性与德行一致。《尚书·虞夏书》记载的尧为选托位之人嫁女于舜以考察舜的德性与德行，是知行合一最为典型的事例。

《论语·学而》开篇"学而时习之，不亦说乎？"道出学与行的关系。曾子讲"日三省吾身"之"谋人""交友""习传"，亦在强调知行的一致，曾子认识到自身谋人是否忠、交友是否信、习传与否的时候已有道德自省之行，换句话来说，道德修养的过程实际上就是知行并进的过程。由此推及，子夏的力竭事父母、身致事君、交友言而有信，"虽曰未学，吾必谓之学矣。"《论语·学而》则可以理解为行反哺知、行与知相互促进。荀子更为直接、更为严格地要求知行合一、相互促进，并多次加以强调。他主张不闻不如闻、闻不如见、见不如知、知不如行，"学至于行之而止矣"，"行之，明也；明之，为圣人"（《荀子·儒效》），唯有践行才能使人愈加明了、明白、领悟，知行统一才可成就圣人之德，否则"虽敦必困"。

自汉代以后，儒家学者大多秉承知行合一的理念，一方面确立并维护儒家思想正统地位，另一方面验证其理论的合理性，并推动其发展和完善。知行合一的理念表现为人的言行一致，与儒家培养的君子人格一致；对教化主体的行为加以有效规范，强调自我行为示范表率作用，尤其强调在为政治国方面；而且也是衡量教化对象达到要求的一个标准，其逻辑演变路径为"知识—德性—德行"。对知行关系，任宋明各派理学家（如二程、朱熹、陆九渊、王守仁、王廷相等）如何争论，无一不在注重知、行的道德内涵与践履，都在观照知、行的伦理道德意蕴，都是为了推动封建社会和谐稳定，其知行观的价值取向是形异而质同的。也就是说，"修己安人，成己成物"的儒家教化思想，历经后世发展完善，虽形态各异，但其理论本源、贯彻始终的精神没有改变。高校思想政治教育之理论与实践统一与儒家"知行合一"思想一脉相承。时下思想政治教育工作"知行不一"的现象屡见不鲜，表现为"离行求知""悖知枉行"，大大降低了思想政治教育的实效性，助长了浮华之气，理论没有得到实践的检验和丰富，易产生教育主体一知半解、傲慢卖弄的习气，是向善修德之大忌。知行合一是高校思想政治教育取得实效必须一以贯之的重要原则，否则教育主体无法做到"诚意格物"、无法激励学生践行远大志向、无法以"省察克治"的精神育"浩然之气"、无法营造知行合一的氛围以抵制歪风邪气。

（五）长善救失的教育原则

《礼记·学记》指出学习者的"多、寡、易、止"四种不足，此四种不足分别指贪多求快、孤寡浅陋、急于求成、遇难即止，针对这四种不足提出了"长善而救其失者也"，"禁于未发之谓预"。"长善救失"是要"补救"学习之"失"，要求教育者要了解此四种学习者的心理，善于发现学生出现的问题并及时纠正，而且要做到防患于未然。亦寓意长养人性之"善"和"向善"，祛除人思想、行为、言语之"过错""过失"，达到"至善"之境。

虽然"长善救失"原则首次出现在《学记》，但其思想渊源可溯及孔子。《论语·公冶长》中有这样的记载：孔子就"行"的问题回答子路和冉有时，因其性格不同给出了不同的答案，这种回答方式被郑玄称为"各因其人之失而正之"，实际上就是"长善救失"。孟子的"教亦多术"、荀子针对"血气方刚""知虑渐深""愚款端悫"等不同类型的人施以不同的"治气养心之术"，都是对孔子思想的继承和发展。《学记》继承和发展了先秦儒家教育思想，扬弃了先秦儒家基于人的性格施以教育的观点，针对受教育者"学习"的不足提出教育者要加以补救的观点，经后世教育家的不断继承和发展，渐成一条重要的教育原则。王夫之对"善与失"相互转化的关注、陶行知对正面教育的重视，无不体现着"失"与"善"之辩证统一、相互转化的关系，为树立正确的教学观、学生观和正确处理师生关系提供了有益借鉴。而"长善"与"救失"相互转化，达到至善正是思想政治教育的旨归。思想政治教育旨在长"宽厚仁爱""忠肝义胆""克己复礼""意诚信先"之善，以救"残暴不仁""奸俊唯利""放荡骄奢""背信弃义"之失，从而使中华优秀传统文化之思想美德得以传播与弘扬。

三、高校思想政治教育中传承儒家文化之路径

儒家教育锻造人的"求真、行善、臻美"高尚品格与高校思想政治教育之品学兼优、全面发展的育人理念一脉相承。因此，在高校思想政治教育工作中，切不可抛弃儒家传统文化，反之，要深度挖掘、高度重视儒家文化的重要价值与地位。

1. 学校领导主推

高校既是意识形态教育和文化传播的主阵地，又是优秀文化基因传承的主要承载者。优秀文化基因的传承，离不开学校党政领导、主要部门的积极推动与全体师生的共同努力，学校党政领导的推动作用尤为重要。

所谓学校领导主推，就是在高校党政一把手领导下，发挥文化引领作用，创新校园文化，营造有利于儒家优秀文化传承与创新的氛围。制定并完善弘扬优秀传统文化的规章制度及奖惩、激励措施，加强对优秀文化传承的引导与监督，充分发挥学校层面对儒家优秀文化传承与创新的推动功能。

高校的党政一把手必须高度重视儒家优秀文化传承创新工作，充分认识到优秀文化传承对学校发展的重要价值与地位，做好文化传承的顶层设计。成立优秀文化传承与创新工作领导小组，由党政一把手任组长、副校级领导任副组长、各职能部门主要领导任组织，其他部门（如党办校办、宣传、团委、教务、人事、学生工作、后勤等）通力配合，立足于学校的发展目标定位，综合学校的办学特色、学科设置、专业特点、课程设置、生源状况等多种因素，考虑如何设计将儒家优秀文化融于校园文化、办公文化、寝室文化、班级文化等布局中，如何设计与落实课程（尤其是思想政治理论课）教学中实施优秀文化传承与创新，如何以科研、教研项目立项的形式为儒家文化传承提供经费支持和保障，如何建立知识性、活动性、环境载体、制度性"四位一体"的优秀传统文化传承与创新长效机制等，都需要通盘筹划、整体设计，力求传承优秀传统文化形成常态，并不断加以创新。

2. 融入课堂教学

在思想政治教育中传承儒家文化，既要回归经典、品味经典；又要以发展的眼光对待儒家传统，摆正对儒家文化的态度，去其糟粕、取其精华；更要深刻理解、诠释儒家文化基本内涵，使传承儒家文化精神成为通识教育。

思想政治理论课作为对大学生进行思想政治教育的主渠道和主阵地，在课堂教学中，教师要深入钻研教材，深度思考各部分内容的文化渊源，不断探索思想政治教育课程体系与儒家经典文化的契合相通之处，做好课上讲授内容的精致选择，不能泛泛而论儒家文化而不顾及教学目的，力求适可而止、恰到好处。如解读当前热点问题可溯及古代；讨论反腐倡廉问题，可结合儒家的"忠恕"、"中庸"、"欲而不贪"、选贤、取廉等廉政思想主张，以及战国时期就有的类似今天中央巡视的监察制度等，可以引用史实中具体案例以增加学生学习的兴趣；讲全面建成小康社会内容时，可结合"小康"之语出自《诗经·大雅·民劳》中的"民亦劳止，汔可小康"及孔子的"因民之所利而利之"之利民、富民思想来讲解；结合孔子的"使民富庶教"、孟子的"民为贵"等民本思想诠释习近平总书记的民生观；等等。另外，可以采取"请进来"的方式，邀请名校中通悉儒家经典的专家、学者、教师围绕学生热议的话题、时代感强的主题为学生做通俗经典讲座，拓展学生学习空间，既提高思想政治理论课教学实效性，又能达到思想政治教育与儒家经典的深度融合。

同时，鼓励思想政治理论课教师开设儒家经典文化专题，四门公共政治理论课形成系统的专题课程，每门思政课可开设 1~2 个专题，打造儒家经典融入思政课教学的教育品牌课，让大学生在全方位接受教育和熏陶中深刻地理解经典文化价值理念、科学内涵、精神特质以及历史传承等，以植入大学生内心深处的经典文化，提高民族的文化自觉与文化自信，为弘扬中国精神、凝聚中国力量凝神聚气，不断提升大学生的思想道德品质和文化素养。

高校加大儒家经典思想研究和宣传力度，建立儒家经典文化研究中心，利用机构的学科、人才、专业等优势，系统地研究在大学生思想政治教育中传承"儒家经典文化"的科学内涵、重大意义、基本内容和践履之径，为激活和传承"儒家优秀传统"提供深厚的理论基础和坚实的学理支撑。

3. 校园文化熏陶

校园是学生的家，校园文化为大学教育环境的重要组成部分，校园文化在引导学生由"校园人"转变为"社会人"方面发挥着重要作用，对思想政治教育有重要影响。校园文化的育人功能为隐性思想政治教育，隐性思想政治教育有助于完善大学生的人格，陶冶大学生的道德情操，规范大学生的行为习惯，助力大学生全面发展。

要在整个校园内营造传承儒家经典文化氛围，在基础建设上，适度增加蕴含儒家文化的人文景观，比如学校的路标、重要馆所、教学楼的人文装饰等浸润儒家经典文化基调。

充分发挥高校党团组织及大学生各种自治团体的作用，举办一些与传统文化相关的活动，自编自演一些戏剧、电影（微电影）、小品、文学创作等，举办诸如儒家经典音乐会、艺术展、主题演讲比赛、回归经典知识竞赛等，通过多种形式组织并吸引更多学生积极参与，在学生日常生活中的各个细节、各个场景中展现经典文化魅力，体悟经典文化精神。在校园内渲染浓郁经典气氛，引导学生远离浅薄无聊的活动、拒绝恶俗，提升品位。

充分利用校报、标语、展示板、广播等各种平台扩大宣传。

充分利用新媒体、搭建互动平台、加强校园网络建设。利用学校网站、微信公众平台、微博、BBS等媒介传播儒家优秀文化。将儒家优秀文化渗透到网络的各个节点，集图像、文字、音响等于一体，声情并茂，让大学生随处可欣赏或阅读到经典文化，深受经典文化氛围的熏陶和感染，使优秀文化精髓内化于心、外化于行。

4. 主题实践体验

高校要为大学生传承优秀文化提供实践体验的便利条件，搭建便捷通道。

整合学校、政府、社会、企业等资源，以集聚效应推动构建儒家文化传承体系。坚持开展以传承儒家优秀文化为主题的社会实践活动，为大学生深度挖掘儒家文化资源创设条件，提供资源、人力等方面的保障，鼓励大学生利用假期到儒家学派创始人孔子的故乡以及在发展、传承和创新儒家思想做出杰出贡献的代表人物（如孟子、董仲舒、郑玄、梁漱溟、熊十力、杜维明等）的故乡去考察，亲身感受乡土文化和博大精深的儒家文化氛围，深刻领悟儒家经典的精神意蕴，增强学生对民族文化的认同感和自豪感，增强他们传承与创新儒家优秀文化的责任意识、使命意识，增强学生救拾和保护优秀文化遗存的危机意识，推动主动积极地投入收集与整理民族优秀文化的工作。这既是大学生了解儒家优秀文化的过程，也是他们接受思想政治教育的过程。通过大学生实践体验，使他们将自己所学理论与实际生活有机结合，使学生收获在课堂上、在书本中学习不到的知识，有利于将儒家优秀的精神品格、意志信念浸润到他们的血液之中，使儒家文化的传承与创新不成为一句空话。

此外，实现思想政治教育与儒家文化深度融合、做好文化传承与创新工作，必须培养一支富有儒家文化素养的思想政治理论课教师和优秀思想政治工作者队伍。各高校要在思想政治教育专业的本科、硕士和博士研究生的培养方案增加传统优秀文化的内容，培养学科高学历人才，提高专业人才将传统文化向现代化、学科化转化的能力，为实现儒家优秀文化传承与创新提供充足智力资源。

附录二 红色文化资源融入高校学生思想政治教育研究[*]

　　大学生是国家未来的希望,他们的政治思想品质影响着国家未来发展的走向。用习近平新时代中国特色社会主义思想教育大学生,把红色文化资源融入高校大学生思想政治教育工作,不忘初心,牢记使命,牢固树立复兴中国梦的远大理想,全面探索以红色文化资源为载体进行大学生思想政治教育融入的有效方法,不断强化大学生思想政治教育,提升当代大学生综合素养。

一、红色文化资源的基本内涵及意义

(一) 红色文化资源的基本内涵

　　红色文化资源分为狭义和广义两个方面。狭义的红色文化资源是指在新民主主义革命时期产生和形成的具有独特功能的文化类型,由中国共产党人、先进分子和人民群众共同创造的具有中国特色的先进文化。广义的红色文化资源包括中国特色社会主义先进文化,如理想、信仰、道德追求、奋斗目标、奉献精神以及社会主义核心价值体系的核心内容等都属于红色文化的范畴。红色文化资源分为物质文化资源、非物质文化资源。物质文化资源包括革命

　　* 本附录系吉林省四平市社会科学基金项目"融媒体时代四平市高校共青团强化思想融入实践研究"(编号 spsk201913)阶段性成果。

历史遗址、遗物、革命纪念馆等，现在基本以红色旅游、参观为主，并以其革命事迹、革命精神和革命历史为主要内涵进行宣传与弘扬。非物质文化资源包括长征精神、延安精神、西柏坡精神、北大荒精神等。

所以，笔者认为红色文化资源是以红色革命道路、红色革命文化和红色革命精神为主线的集物态、事件、人物和精神于一体的内容体系。

（二）红色文化资源融入高校思想政治教育的意义

1. 充分挖掘时代教育价值，推动红色文化资源理论教育研究

以红色文化资源为载体，融入高校大学生思想政治教育，极大地提高高等院校对红色文化资源理论的研究，通过对红色文化资源进行细化分类，进一步挖掘和剖析红色文化蕴含的精神内涵和社会价值，探索地方红色文化资源的独特育人功能，为提升大学生思想政治教育拓展了教育的素材，对思想政治教育的系统研究具有现实意义。

2. 夯实红色文化资源思想政治教育体系，丰富教育教学内容

红色文化资源作为中华民族永恒的精神和物质财富，红色文化资源包含了物质文化和非物质文化两个部分，其形式、内容都较为丰富。红色文化资源融入大学生思想政治教育，丰富了高校大学生思想政治教育内容，将红色文化资源融入学生日常教育之中，通过亲身走访、实地参观革命旧址等方式，激发大学生爱国主义情怀，有助于大学生树立坚定的理想信念，培养大学生正确的人生观和价值观。

3. 拓展思想政治教育工作方法，建立红色育人新模式

通过对地方红色文化资源内涵的剖析、类型的整理、特点的研究，依托地方红色文化资源进行高校大学生思想政治教育，渗透到大学生活的各个方面，更加注重大学生思想政治教育的社会效应，同时根据当代大学生的思想特点，充分考虑大学生的教育需求和接受能力，旨在寻求一条切实有效的思想政治教育新思路、新方法，使红色文化资源真正成为新时代加强大学生思想政治教育的活课本、活载体和活平台，全面构建思政教育红色生态圈，对

于丰富和发展思想政治教育的内容、进一步增强高校思想政治教育工作具有深远的意义。

二、红色文化资源融入高校思想政治教育工作中的不足之处

（一）大学生对红色文化认识不全面

随着时代的发展、经济体制的不断深化改革，社会变迁和各阶层利益格局调整等多重因素对当代大学生生活、成长、学习、工作等影响巨大。特别是中国开放的大门不断扩大，先进的文化、技术传入我国的同时，西方社会腐朽的东西也通过各种渠道流入我国的文化市场。特别是网络不健康快餐文化影响高校学生对于红色文化的认知水平，不能理解红色文化的精髓，更缺乏对红色文化内涵深刻的体验。部分大学生错误地认为，市场经济主导下的社会，技术第一位，导致部分大学生重视技术学习，注重专业学分，轻视思想政治教育，部分大学生消极地认为红色文化思想政治教育对就业和个人发展意义不大。

（二）部分高校对红色文化教育简单

部分高校对红色文化资源的宣传，大多数采用发放学习文件的方式宣传。课堂上红色文化的教育往往是说教式教育，学生没有主动参与红色文化的学习活动；高校基层党支部，班团组织开展红色文化教育活动，一般是实施、评比、总结和推广等。这种形式化的工作方式，部分大学生认为自己迫于无奈参与活动，红色文化资源教育的效果欠佳。部分高校加强红色文化教育的创新和拓展能力不足，没有深刻挖掘红色文化的内涵和精髓，红色文化的时代精神与学生的创新精神结合力度不够，没有真正重视红色文化的宣传和教育。

（三）红色文化资源与媒体融合不深入

媒体是现代信息社会传播影响力最有力的工具之一，而对于红色文化与媒体融合的现状，存在着融合不深入、传播途径单一的缺点。当前，面对媒

体日益成为社会主流的趋势，红色文化的传播受到现实困境的冲击和制约，红色文化构建需要一个有效的与媒体融合策略，把媒体的专业性与公众的全民性结合，形成交互型主体。这样才能加快红色文化的传播速度、丰富红色文化的开展、增强红色文化的感染力、影响力和时代感召力。

（四）红色教育缺乏长效机制

受社会功利主义思想影响，部分高校在乎学生的成绩、就业情况以及科研成果，存在红色文化教育非主流性意识。导致部分高校红色文化教育缺少完整的教育计划，明确的教育体系、教育目标和教学任务，只一味地将红色文化知识灌输给学生，失去了教育的根本目的，致使红色文化资源教育和利用没有达到预期效果。高校大学生思想政治教育工作立德树人效果不明显。

三、红色文化资源融入高校学生思想政治教育的对策和建议

（一）加强红色文化资源基地建设

高校要与当地政府联合开发、建设、保护红色文化资源，学校有组织、经常性带领学生走出课堂，走进红色思想的实践讲堂，让学生参观革命纪念馆、博物馆；定期开展红色历史回顾，并让他们切身感受红色教育的魅力，丰富思想政治教育内容，充分发挥红色思想的教育功能；通过积极探索地方红色文化资源，使其转化为优质的教育资源，不仅提高大学生核心价值观，培养合格的社会主义建设者，还能创建红色文化育人特色，真正构建起地方红色文化与高校联动的平台，为振兴教育事业的全面发展提供可靠的保障。

（二）要用好课堂教学这个"主渠道"

红色文化资源是开展高校大学生思想政治教育的重要内容之一，要有效利用红色文化资源深入学生的课堂，不断创新工作方法和育人模式，根据课堂实际情况分年级分层级对学生进行红色文化融入教育，将红色文化贯穿于常规教学任务中，通过讲红色故事、历史直观再现、角色扮演、名师名家座

谈等方式调动学生积极性，激发学生的主观能动性，切实提高课堂红色教育的影响力和吸引力，构建形成红色课堂教育教学全新模式，用大学生喜闻乐见的方法提高思政教育的实效性。帮助大学生全面深入了解党史、新中国史，切身感受中国革命的艰辛，真正懂得今天革命胜利果实的来之不易，更能珍惜现在美好的大学生活，坚定当代大学生对未来美好生活的信念和意志，树立伟大的"中国梦"的人生目标。

（三）红色文化资源融入第二课堂

通过组建学生红色文化社团，开展红色歌曲比赛，红色实践活动，寻访故地等形式来激发学生学习红色文化的积极性。充分发挥和调动学生骨干的参与作用、辐射作用和带动作用。加强大学生红色社团建设，通过举办大学生红色文化节等活动模式，鼓励学生主动参与红色教育的氛围，培养学生成为红色课堂建设的主体，依托"学习筑梦"行动"礼敬中华传统文化"等，进行校园红色网络作品评选，校园典型人物评选等主题教育活动，引导学生在红色课堂背景下自我教育、自我管理和自我服务。进一步培育高校大学生的家国情怀，从真正意义上将红色文化资源融入当代大学生的成长过程。

（四）创建校园红色网络环境

在学校网站、微信、微博等公众号上建立红色专栏，宣扬红色文化，弘扬红色精神。打造思想政治工作的网络化"红色成长超市"。创新教育思路和教学模式，将红色教育融入服务中，依托学校"智慧校园"建设，学生信息综合管理系统，以提供信息化服务为切入点，立足服务学生衣食住行学，打通各个领域和各个部门的信息屏障，真正实现数据共用、资源共享，满足学生学习、发展、社交、服务等需求。开发掌上信息系统，整合现有学生服务信息平台功能，打通易班、微信公众号和手机 APP 的数据接口，实现与红色文化资源共育共赢。

总之，高校还应该更加深刻地理解红色文化资源的时代价值和教育价值，通过优化主课堂、第二课堂、红色网络环境等方式，使思想政治教育的内容更加合理和充实，积极发挥红色文化在高校思想教育工作中的育人作用，使红色文化真正根植在高校大学生的心中，为党和国家培养优秀的人才。

附录三　吉林省红色文化资源与乡村振兴调查研究

一、吉林省红色文化资源与乡村振兴的内在理路

（一）红色文化资源的概念与内涵

红色文化资源与其他文化资源最大的区别在于"红色"。广义的红色文化指许多奋斗者在世界社会主义运动的历史进程中创造的物质文化和精神文化。从狭义的角度看，红色文化是中国共产党、知识分子在20世纪战争革命时期共同创造的先进文化。这种先进文化蕴含着中国的精神和色彩。在实现全民族解放和新中国建设的过程中，中国共产党领导中国人民逐渐形成了红色文化。这种文化世代相传、发扬光大，蕴含着浓厚的革命精神和历史色彩。从分类上看，红色文化资源可大致分为物质文化和非物质文化，主要体现在相关革命史迹和伟大的革命祖先遗迹上。红船精神、延安精神、井冈山精神等非物质文化资源具体体现在精神层面。因此，如上所述，红色文化资源可以大致分为六类：文学艺术作品、红色文化资源、革命历史文化、建筑设施红色文化资源、革命历史人物和红色革命精神。

（二）红色文化资源与乡村振兴融合研究的背景

党的十九大正式提出了振兴乡村的战略。"三农"问题作为国计民生的

根本问题，在我们党的工作中举足轻重。提出和实施乡村振兴战略，是对马克思列宁主义的继承和发展，它既是红色文化与传统文化的融合和继承，又是结合中国具体国情解决"三农"问题的重要理论成果。红色文化是乡村振兴战略提出的重要动力，乡村振兴战略为红色文化资源提供了重要的政策支撑。两者相互促进，相互发展。乡村振兴主要包括人才振兴、文化振兴、生态振兴、产业振兴、组织振兴五个方面。共产党及其领导人革命、建设和改革时期的红色资源，广泛分布在乡村。

实现乡村振兴，必须重点把握这些红色文化旅游资源。2017 年，全国各地开始了红色文化资源与乡村振兴的融合。比如 2020 年，《百年梦圆看百村》大型主题新闻访谈活动，讲述了历经 70 年岁月，民权县"革命火种"诞生的故事。该活动稿件《秣坡村：红色教育的亮丽名片》发表于《商丘日报》，目前该地已组合红色旅游资源，为乡村振兴提供重要经验。

（三）红色文化资源与乡村振兴融合的现状

红色文化是我国历史发展过程中的重要成果。红色文化资源的具体表现形式，既体现在历史遗迹遗址等物质文化遗产上，还体现在全国各族人民不断奋斗、爱岗敬业等社会主义核心价值观精神上。目前，党和政府积极制定相关政策，着重推动红色文化广泛传播，使红色文化深入人心，继而逐渐增强红色文化的影响力和感染力。乡村振兴战略自实施以来，备受瞩目。不少基层干部和农民群众积极投入乡村振兴建设。在建党百年之际，我国已经进入全面实施乡村振兴战略的关键时期。只有一步一步扎扎实实地走好乡村振兴之路，才能不断靠近全面建成小康社会的目标，为实现社会主义现代化建设增强动力，最后实现共同富裕。

但从红色文化资源与乡村振兴融合的现状来看，依旧存在着一些问题。

一是红色文化资源并没有得到合理的开发与利用。某些地方有着一定的红色文化资源，但是由于其存在短板，这些红色文化资源并没有被充分发掘。

二是宣传机制并不健全。在一些偏远地区，由于自身知名度有限，加之宣传力度不足，导致自身红色文化资源建设并不能带动该地乡村振兴。

三是群众没有较强的文化意识。一些群众并没有重视红色文化，所以该地红色文化资源并不能够进行创新建设。

四是乡村人口流失，缺乏专业性人才。由于经济发展的不平衡性，导致人才大量向南方和东南沿海一带流去，而一些拥有红色文化资源的地区都在内陆和偏远地区，导致这些地区缺少专业性的人才对红色文化资源和乡村振兴的融合进行指导。

五是红色文化资源挖掘形式化。一些地区没有把二者的融合落到实处，仅仅只是为响应国家号召，而在形式上做一些乡村振兴工作，没有对乡村蕴含的红色文化资源进行深度的挖掘和探索，实际上并不能够真正达到实现乡村振兴的目的。

如今，乡村振兴战略在我国不断推行，红色文化的传播、弘扬与发展能够更好地促进我国乡村经济稳步增长、文化传承弘扬、生态良好和谐、治理全面有效等全方位发展。实现乡村振兴与红色资源的融合意义更加重大。根据乡村振兴战略总要求，创建以乡村为主体的红色文化探索性学习体制，能更好地为各地域全面发展服务。立足于从时间和空间上系统地研究红色文化发展和乡村振兴战略的历史进程，坚持推进红色文化资源的深度开发，高效发展乡村振兴创新产业，才能够真正实现推进红色文化传播和乡村振兴的总进程。

（四）红色文化资源在乡村振兴发展中的意义与作用

总体来看，红色文化资源在乡村振兴发展中有三点意义与作用。

第一，红色文化资源的挖掘可以逐步与乡村振兴战略发展相融合，红色文化资源是乡村振兴战略提出的重要源泉，宏观上或在潜意识里，从价值观的角度引导着乡村振兴战略工作的前进方向，使乡村振兴工作朝着更健康、更科学的方向发展。从空间上看，红色文化资源挖掘是乡村振兴的一大助力，在红色文化挖掘这个过程中，能有力促进乡村的进一步振兴。党的十九大提出了有关乡村振兴战略的五个要求和思想路线："生态宜居，产业兴旺、治理有效，乡风文明，生活富裕。"红色文化资源存在于各地乡村之间。合理开发利用该地红色文化资源不仅可以促进该地经济进步、产业发展，还能够促进生态环境改善，建设美丽和谐家园。

第二，红色文化资源的挖掘是乡村振兴战略发展的价值风向标。红色文化资源挖掘对乡村振兴的融合发展有着道德价值净化的作用，在文化资源挖掘的过程中，应择优选择并进行相应的调节，从红色文化资源挖掘出其中的精华进行传递。有了积极的红色文化资源及正确的价值选择这些内在因素，乡村振兴的发展才不会偏离既定的目标。与此同时，推动乡村红色文化的挖掘与传播，还能够提高居民的红色文化意识，扩大红色文化在广大群众之间的影响力，继而逐步实现社会主义精神文明建设。

第三，红色文化资源的挖掘为乡村振兴战略发展提供创新动力，红色文化资源促进乡村振兴创造性发展。红色文化资源内容的更新、理论的升华、方法的改进都将赋予乡村发展新的含义。乡村振兴工作本身蕴含着强大的精神动力，应使其结合红色文化资源挖掘，从而提供众多实践机会。

一些地区以红色文化资源做支撑，发展以旅游休闲产业为主的第三产业，并以此带动该地其他产业发展。近年来，随着国民经济水平的不断提高，消费观念正在逐步发生变化，物质消费占比下降，而精神消费占比较大。第三产业是精神消费的重要场所。可以红色文化资源为主导，强化地区硬件设施管理，从而创造了乡村振兴的新模式。红色文化资源有稳定性、持久性的特点。因此，以红色文化资源为主导的乡村振兴建设也会有充足的发展动力。

以红色文化资源作为精神内核，以积极响应国家号召，并将社会主义核心价值观融入其中。坚决支持党的正确领导，以党在历史进程中的基层建设为指导，建立健全相关治理体制，使乡村振兴更加正规化、条理化、清晰化。真正做到使红色文化资源和乡村振兴相结合。

二、吉林省红色文化资源与乡村振兴的现实困境

2021 年，不仅是中国共产党成立 100 周年的关键节点，更是乡村振兴的实践得以全面落实的起始之年，乡村振兴作为推动我国全面富裕的关键因素，只有更好将乡村振兴战略全面落实，才能使我国达成全面富裕的目标，但目前我国乡村建设还存在诸多问题。应从时间和空间两个层次对红色文化的历史发展进程进行系统研究。当今社会形势不断变化发展，乡村文化振兴的实施受到了多方面的冲击，农民红色文化价值观发生了很大的转变，同时人口流失问题的出现也使得红色文化的振兴失去了内生的动力，红色文化振兴在推动过程中存在一定局限。因此，应有的放矢地对红色文化在与乡村振兴融合进程中出现的突出问题进行原因剖析。各地区红色文化资源开发程度不同，以及各乡村发展情况不同，在建立红色文化和乡村振兴融合时，如何做到因地制宜，成为我们要切实思考的问题。

实施乡村振兴战略过程中存在一定的现实困境：

（一）红色文化资源未合理开发利用

红色文化资源包括多种形态，如烈士公墓、纪念场馆、革命遗址、历史文献等，它们真实可靠地记载了我党领导和团结人民砥砺奋斗的伟大成就，见证了中华民族从解放到富起来强起来的伟大历程，包含着中国共产党先驱的崇高理想和坚定信念，充分体现了革命先辈的优秀美德和优良作风。在中国共产党领导人民在进行新民主主义革命、社会主义革命等进程中，逐渐形成了红色文化资源，它是经历长期斗争后留下的宝贵财富，是开展爱国主义和党性教育的重要工具，是培养和发展文化自信的根本与动力。它蕴藏了优良的革命精神和爱国主义的内核，是中华民族的瑰宝。如今身处和平时代，物质发展迅速，人民生活安定，更应该丰富自己的精神世界，而红色文化资源是学习的最好途径和教科书，但现在吉林的红色文化资源并未得到合理的开发和利用。首先对于红色文化资源的保护不足。红色文化资源的宝贵在于它的不可再生，它是革命中留存下来的重要资源。由于现代对于红色文化资源的不规范的建设和不科学的规划，使得很多重要的革命历史遗迹遭到了严重的破坏，更有一部分有很大历史价值的红色文化资源濒临消失。所以，对于红色文化资源的保护我们必须立即采取有效的保护措施，进行科学有规划的开发和利用。

（二）宣传机制不健全

虽然吉林具有得天独厚的条件，丰富的红色文化资源，但由于地理位置和宣传机制的不健全，红色文化资源的宣传力度显然不够，没有足够的推广到各地。所以，应强化红色文化资源的宣传和推广以提升知名度。要将吉林地区的红色文化资源打造出标志性的文化范例，建立红色文化资源品牌。可以创新红色文化资源的宣传形式和宣传机制；可以拍摄与吉林省红色文化资源相关的纪录片；可以在学校进行高品质多样性的红色文化资源微课；可以进企业，开展红色文化资源的企业文化学习；等等。另外，应根据不同的行业和职业开展不同的红色文化资源宣传，传播红色文化，加快红色文化资源宣传和推广速度，以达到提升红色文化影响力和知名度的目的。

如今，网络宣传和推广是最重要的一种宣传方式，但红色文化资源的网络推广存在着一些不健全的问题，很多红色文化资源的推广缺乏正确的价值观念和舆论导向。在互联网进行红色文化宣传推广时应本着公正客观的原则，坚持正确的舆论导向和强大的社会责任感。大量的红色文化资源在一定时间内进入大众视野，但文化产品参差不齐。一些红色文化资源的宣传只注重经济效益，为了获得经济效益和博得社会关注而歪曲了历史和英雄形象，忽略了社会效益，伤害了公众对于红色文化资源的正确观点。作为红色文化资源的传播者，要进行正确的引导教育，树立正确的价值观念，避免红色文化作品的错误宣传和推广。

（三）群众红色文化意识薄弱

当前管理体制具有一定的缺陷，管理不够到位。上级管理部门和地区存在一定的利益纠纷，这不利于红色文化资源的利用和开发。当地政府部门只能看见红色文化资源给当地带来的经济价值和产业价值，并没有意识到对红色文化资源保护的重要文化意义，导致出现了对当地红色文化资源的破坏行为，给红色文化资源的保护带来了极大困难。同时，由于宣传力度不足，当地群众对红色文化资源的保护意识十分薄弱。在现实生活中，红色文化资源不仅能够带动该地的生产力水平的发展，还会带动居民收入的不断提高，经营不同产业的同时促进资源的更新换代，进而实现可持续发展。但一些地区的群众并没有把眼光放长远。只看到了当前利益而忽略了长远利益，在没有保护红色文化资源的同时，甚至会破坏部分资源而满足自身利益。部分群众忽略了自身是红色文化资源保护者这一内在机理，把政府和社会作为保护者而把自己置之度外。

另外，当地的革命历史教育没有充分开展，尤其对于当代青年学生，存在着较大的缺位。生活中，很大一部分人对自己肩负的责任和义务并不是十分明了，还没有把家乡的红色文化资源保护作为自己应肩负的使命，未切实切身地投入对红色文化的理解和宣传，没有保护家乡的红色文化资源。如果自己家乡的红色文化意识没有渗透进人民群众的心中，又怎么能盼望红色文化资源得到足够的宣传和推广，那又如何达到继承和发扬的最终目的呢？在一些地区，很大一部分学生甚少了解当地的革命遗址、纪念馆、纪念设施等。只有少数年轻人会唱红色歌谣，当地的学校大多没有对学生进行本土的红色教育。这些情形的存在，十分不利于培养当地群众的革命情感。

（四）乡村人口流失，缺乏专业性人才

如今，我国市场经济处在一个不断发展的状态下，城镇化进程加快，导致乡村中年轻主力军群体多数流失，乡村的留守人员大多以老弱妇孺为主。乡村"空心化"导致人才流失和人才断档现象较为严重，如缺少劳动、创新、管理等专业人才，就导致很多具有鲜明特色的非物质文化遗产以及具有优秀民族精神的乡风民俗等资源得不到继承与传扬。

乡村在红色资源保护的工作中存在一些问题，例如由于受到编制和经费的限制，空挂一块牌子、队伍的老化现象明显，党史部门和文物保护部门人员不足，变成了一些政府人员退居二线的安置机构部门，专业冷门导致专业人才引进具有较大困难，很多地方保护工作无法进行正常的运转。随着经济的高速发展，红色旅游业逐渐成为促进当地经济发展的重要产业，受到了地方和中央政府的重视，出台了很多对红色产业发展的政策，加大了对乡村地区红色旅游业的扶持力度和资金投入。但不得不承认，地方人才的匮乏不利于红色文化资源的发展和利用。如今，我国市场经济不断发展，城镇化进程的脚步逐渐加快，导致乡村中年轻主力军群体多数流失，乡村的留守人员大多以老弱妇孺为主。乡村"空心化"导致人才流失和人才断档现象较为严重，乡村缺少劳动、创新、管理等专业人才，导致很多具有鲜明特色的非物质文化遗产以及具有优秀民族精神的乡风民俗等资源得不到继承与传扬。改革开放以来，农村和城市发展的不平衡，农村人员大部分流入城市，造成"空心村"的局面。乡村人口流失，意味着乡村人才流失。红色文化资源的开发和利用十分依赖于具有专业管理知识的人才，乡村人才的缺乏给红色文化资源利用工作造成了极大的困难。当地政府应该切实把培养和引进优秀的专业人才作为一项急切的重要工作来落实，切实保护好当地的红色文化资源并加以开发和利用。

事在人为，事靠人为，但目前乡村贤能未能有效地发挥作用。乡贤能人队伍搭建参差不齐，并且配合困难、结构单一、管理制度不健全，缺少扛大旗的"领头羊"，在一定程度上导致乡贤能人的积极性逐渐减弱。当前，乡村专业人才明显缺乏，在一定程度上限制了乡村文化建设的发展，成为乡村振兴战略在推进过程中的最大障碍。

人才是乡村地区红色文化建设的第一资源，是加快进行红色文化建设的重中之重。当地政府应充分挖掘并依托本地特有的红色文化资源，强化与当地高校的沟通和联合，营造有利于培养专业人才的学习气氛及优良的学习环境，着重培养一批素质高、专业精、业务强、作风正的卓越队伍。当前，一些乡村地区的当地政府应积极开展红色文化基地建设，便于红色文化建设能够得到跨越式的发展。首先，要积极开展红色文化资源普查工作，了解当地红色文化资源开发现状，对自身发展情况有大致了解，为以后红色文化建设的规划或立法做依据。其次，把现有的红色文化资源进行存档，在普查工作或借助各种文献、图片、笔记、手稿查阅的基础上，借助现代社会的高科技手段，如现代数字技术、网络信息技术等，对现有的红色文化资源进行分类保存，使其可以成为永续利用的资源。

（五）红色文化资源挖掘形式化

红色文化资源始于中国共产党的改革、建设和艰苦的革命，是党和人民群众共同努力创造出的、能够充分体现社会主义的资源文化，其蕴藏了伟大的革命精神及丰富的历史文化内涵，同时体现了历史印证精神、传承文明的价值、政治教育的价值以及开发经济的价值。乡村土地是革命历史中不可忽略的，它是英雄挥洒热血的革命红色土地，有一定的历史文化积淀。如何推动红色文化的发展与传播，用红色文化的浸润而达到促进城市发展的目的，如何发挥红色文化资源的导向作用，以此引导新时代乡村全面振兴、全方位振兴，已成为我国发展亟须解决的问题。

在一些农村地区，普通村民的意识相对浅薄，一些革命事迹及烈士精神虽产生于农村，但村民对于相关事迹及文化精神的认识与了解存在着偏差。这导致村民对乡村红色资源的传承与发展的重视度明显不足，红色文化的传承在一定程度上缺少群众的责任感与使命感的支持。经过对相关内容的调研发现，红色文化在传播与宣传过程中，对红色文化资源的发掘仅仅停留在表面，甚至出现形式主义现象，缺乏对主要内容的深度挖掘。在开发红色资源时，将经济价值放在首要位置，对于红色资源所蕴含的更深层次的精神内涵不能进行深度的研究与打磨，这使得红色文化本身所具有的育人功能被弱化。

解决红色文化资源挖掘过于形式化这一问题，首先，应对红色文化的历史文脉进行梳理。厘清红色文化的历史发展脉络。这要求乡村地区的相关部门制定并出台能够推动红色资源开发与利用的相关政策条件，进而循序渐进地搭建起促进红色文化的挖掘与传承的平台。与此同时，更要加强对其资源利用与保护的资金以及人才支持。其次，红色文化档案制度要建立健全。近年来，一些农村地区积极作为，把红色文化资源建设落到实处，这对红色文化的传承与发展发挥了巨大作用，我们可以在既有资源基础上挖掘出更多，进而确定它在乡村地区的传承与发展方向，以能够更好地满足人民群众在文化层面的需求。最后，应科学地阐释红色文化的精神内涵。红色资源虽然是在特定的历史环境及特定的历史背景中产生发源的，但是红色文化与红色资源具有一定的先进性，同时对社会发展有较大的适应性。中国特色社会主义的发展已经步入到了一个新的历史阶段，新时代的红色文化将会有更加丰富的内涵。在这样的大背景下，要不断加强理论建设，扩大红色文化的影响力，使吉林人民群众理解并能够自愿投身到文化建设中，以此促进红色文化资源在一些乡村地区的可持续发展，从而为实现新时代乡村地区全面振兴与全方位振兴发展的新突破而贡献自己的力量。

三、吉林省红色文化资源与乡村振兴融合机制的建立

（一）乡村振兴与红色文化资源内涵的多维价值彰显

1. 乡村振兴战略的内容及意义

中国共产党第十九届全国代表大会提出了国家乡村工业化振兴战略，是党领导决心和实践新千年发展目标理念，建设国家现代创新经济强国战略部署的具体生动实际体现。中共十九届全国代表大会总结报告明确提出，必须始终坚持有效解决当前农业、农村、农民战略问题，该问题始终是推进全党工作大局的首要任务。中共中央将乡村振兴战略放在关键地位，因为它是一个与国民经济和民生有关的大问题，也与中国实现"两个一百年"的目标，与中国农村未来改革发展方向的选择和农民的发展命运有关。也就是说，乡

村发展振兴问题不仅是当前农村的实际问题，也是中华民族伟大复兴的发展问题。

在中国建设新时代战略发展框架的指导下，探索中国农业和农村发展振兴小康社会的特色优势，是新形势下非常困难、具有强烈挑战性要求的新战略课题。从党的十九大经验报告精神、十二届中央农村工作会议和总书记关于实现农村经济振兴跨越的一系列重要指示讲话中可以看到，新时期社会主义乡村建设振兴发展战略是一系列基于时代新思维、新时代理念、新思路方法、新视野发展的社会主义伟大战略。

乡村振兴战略是马克思列宁主义的继承和发展，在融合和传承红色文化和传统文化的同时，结合具体国情、社会主要矛盾和共同繁荣的基本要求，思考如何进一步解决农业、农村、农民问题。乡村振兴的内容包括基层组织建设、特色产业、生活环境、文明地方习俗等方面，这些方面在红色文化资源的挖掘和利用中发挥着不可替代的独特作用。

全面扎实推进西部乡村经济振兴，必须始终以乡村特色资源为基础，因地制宜，创新发展现代乡村度假旅游、休闲创意农业旅游等一批新兴产业或新业态。挖掘研究和利用乡村红色文化资源可以直接促进地方特色产业发展，利用红色主题旅游资源促进农村红色旅游振兴战略实施，应大力宣传农村红色主题展览、红色乡村旅游、红色研究产业形式的发展，指导和鼓励农民发展特色种植和水产养殖，让群众分享乡村振兴的发展成果。

全国人大十九二届五中全会，正式提出了"优先发展农业农村，全面推进农村振兴"的口号。"全面"深刻反映了现阶段乡村经济社会发展的重大措施以及取得阶段性成果。农村的全面协调振兴，不仅要塑形，更要铸魂。文化阵地建设的振兴升级项目将是全面深入协调统筹推进革命老区农村文明振兴的重要内容。其中，红色文化遗产建设创新项目是充分利用马克思主义和中国社会主义基本原则及经验与中国发展实际需求相结合的历史精神结晶，是对中华民族伟大历史、优秀文化、传统精神、道德文化的继承、发展、探索和创新。当前党员干部应始终大力推进和弘扬、传承、创新科学文化发展与社会主义中华大地红色文化，积极发挥红色文化在推动特色乡村经济、全面小康振兴中的积极作用、组织带动作用与引领作用。

2. 双向融合机制的特征及价值分析

挖掘丰富传统红色文化内涵，培育与弘扬美丽乡村创建和谐农村文明乡村生活社会主义新风尚。

乡风生态文明村庄建设是加快传统乡村面貌恢复振兴开发建设中的物质精神保障。红色文化建设始终处处彰显体现着马克思主义核心世界观理念的先进性和真理性，它是中国共产党各部队红军的红色历史信仰、制度、作风、道德等思想特征的综合化价值体现，其中广泛地包含红军继承革命历史崇高道德理想、坚定政治信念、深厚的爱国主义等先进文化的精神内涵，是我们巩固和继承可持续发展的思想文化源泉。培育当代红色乡村新文明和新风尚，一是要加强全乡群众干部对历代红军革命英雄、模范事件及社会主义先进道德文化人物事迹的理解，进行全面深入的宣传和挖掘，为广大党员干部及农民群众党员并树立起学习榜样。

二是政府要切实结合工作实际，大力宣传和创作大量以中国传统道德和历史题材的优秀历史影视文化艺术作品，引发广大基层党员以及农民群众的道德思想价值共鸣，令他们既真正感受到先进思想视听艺术和文化熏陶的魅力，同时受到中华民族历史文化精神内涵的滋养。

三是各地区要积极结合当地情况，大力推动倡导各地开展一系列旨在以普及宣传和弘扬优秀社会主义传统革命等表彰评比活动，切实创造条件把中国传统的农村思想文化阵地和新型社会主义农民精神家园建设和维护好、使用和利用好，为进一步发展实现乡村经济的跨越发展、跨越小康奠定坚实的基础。

依托美丽乡村红色基因文化创新及传承，加强农村基层党建实践与引领。治理秩序规范与有效管理推进一体化是促进乡村经济和谐文明振兴及进步奔小康的强大基础。红色文化内涵是具有鲜明的民族特征和具有中国特色的文化，红色文化基因的传承、发展与激活，有利于中国乡村文化建设。

（1）先进性。文化软实力，是体现中国社会主义当代物质文明社会文化生产力发展总体水平变化的基本衡量指标之一，随着现代国家经济及社会形势的发展，产生了广泛历史影响力，并日益受到国际社会等各界关注。文化兴，则国运强。文化作为支撑民族发展的上层建筑，对于引领人、塑造人的作用发挥着经济等物质基础无法起到的潜移默化的作用。

（2）地域特色性。山水为骨脊，红色为筋脉，文化为灵魂，每一寸乡村土地都是一片古老厚重神秘的中国红色热土，都有着一段光荣悠久的社会主义革命斗争历史和独特灿烂的民族红色文化。乡村地区是一座精神富矿，伴随着红色资源开发利用程度的日渐加深，红色文化资源的丰富矿藏日益凸显。马骏、杨靖宇、刘英俊、王大珩、黄大年、郑德荣等英雄更是家喻户晓。东北抗联、"四战四平"等部分城市的影响力更是极为深远。这里也是新四军中国共产党队伍早期作战活动中的一片重要战斗地区，是中共东北独立抗日武装联军司令部的战略创建阵地、东北农村解放战争运动的战略发起阵地、抗美援朝部队的前线后援要地，也是新中国汽车工业发展的历史摇篮、新时期中国文化电影事业建设的战略摇篮、新四军中国人民航空事业游击队的历史摇篮。百年来，中国共产党八路军带领中国吉林地区人民将士留下了无数个可歌可泣的动人革命斗争故事，感人至深、惊天动地的抗日英雄事迹和悲壮而激烈的革命战争史迹遗存，给吉林大地上的军民们注入了不竭的民族精神动力。

吉林省委、省政府领导一直高度重视对红色资源项目遗产的合法有效合理传承整理及继承弘扬、保护发展再创造利用和再转化的创新工作，全省各地县级党组织通过不断创新学活悟用，突出挖掘的地域特色，擦亮并打造的红色品牌，弘扬中华的红色文化，赓续传承中华民族的红色血脉，助推吉林霍山红色资源建设项目真正成为了省委领导开展革命党史传统理论学习、党性教育学习活动和开展省委"四史"党史专题理论宣传及教育与培训中的好课教材。

（3）可实施性。中国的革命队伍是刚从乡村巨变中走出来成长的，乡村历史承载着了中国那场革命岁月的珍贵记忆，大批年轻共产党人也在故乡这片革命热土之上谱写成了一支感天动地、震撼人心的英雄壮歌。深入挖掘红色资源，传承红色基因，弘扬红色文化，给乡村振兴战略带来了新的内涵。目前，全国各省级行政单位共计确定有约69个全省基层爱国主义活动建设实践基地，分布范围集中在黑龙江、吉林以及其余的9个外省市地区，这些国家省级以下爱国主义活动基地到目前的多数部分时间点都基本仍是在主要城市依托一些红色的革命活动根据地遗址、遗迹等来设立。以吉林为例，2016年1月，除吉林以外相继有8个全国省级经典红色文化景区都被正式编列入了《全国红色旅游经典景区名录》，其中包括白山市全国省级重点红色旅游文化经典系列景区（含临江市四保和临江战役纪念馆旧址区及革命根据地烈士陵园、城墙砬子东北抗日人民义勇军抗日救国民主联军诞生地、七道桥闸江抗日联合会议旧址、东北抗日各界义勇军抗日救国民众联军纪念园旧址等）；四平市旧址红色旅游文化经典景区之一（四平烈士陵园、四平战役纪念馆、四平烈士纪念塔；梨树县东北民主联军四平保卫战指挥部旧址）纪念馆；黑龙江省齐齐哈尔市通化市杨靖宇烈士陵园旧址纪念馆旧址；黑龙江省哈尔滨市长春电影制片厂纪念馆旧址纪念馆；黑龙江省东北老解放区哈尔滨沦陷后军情史研究旧址陈列馆遗址博物馆；抗联东北白城市中共辽吉省委司令部东北辽北省政府抗联指挥部办公旧址群和抗联东北指挥部侵华日军机场遗址群；抗联东北司令部辽源市抗联司令部日军机关在吉林辽源境内的伪高级军官特务战俘营旧址群等；珲春市大荒沟东北抗日革命民主根据地遗址。这些省级大型红色爱国主义思想学习教育主题活动基地旧址遗迹和大型革命历史红色文化景区遗址等在继续深入推进并宣传践行理想信念，使得红色文化精神深入人心，对于唤醒农民群众内心不惧艰难、顽强奋斗良好品质起到了至关重要的作用，同时也进一步促进了乡村振兴战略的实施和发展。

（二）顶层设计、共享理念与红色文化创意产业兴起

新中国成立以来，党和国家始终重视加强红色文化宣传，并始终强调宣传的政治性、时代性以及创新性。党的十九大报告指出："要坚持中国特色社会主义文化发展道路，激发全民族文化创新创造活力，建设社会主义文化强国实施乡村振兴战略。"而吉林红色文化与乡村振兴的现状体现了我国革命文化发展的先进成果，彰显着我国人民爱国敬业、甘于奉献、顽强拼搏的良好精神品质与价值观。党和国家不断大力推动红色文化传播，使得红色文化精神深入人心，对于唤醒农民群众内心不惧艰难、顽强奋斗良好品质起到了至关重要的作用，同时进一步促进乡村振兴战略的实施和发展。

2021 年，不仅是中国共产党成立 100 周年的关键节点，更是乡村振兴得以全面实践的起始之年，推动乡村振兴战略的实施已成为我国发展目标中的着重点，只有将乡村振兴这条路走好，我国才能实现全面富裕，弘扬红色文化并推动其传承与发展对我国来说具有重要的意义。

对于吉林红色文化资源与乡村振兴融合机制的建立而言，顶层设计、共享理念与红色文化创意产业兴起就显得尤为重要。

1. 顶层设计与红色文化创意产业

顶层设计最重要的是统筹，这一概念要求我们从全局的角度出发，运用系统论的方法。从任务的不同方面、各个角度、相关要求等层次对其进行统筹规划，从而使得资源有效集中，更使得目标高效快捷地实现，进而达到从根本上解决问题的目的。

顶层设计字面含义是从顶层开始的总体概念，"不谋万世，不能谋一时；不谋全局，不能谋一域"。这是一个科学但抽象的概念。但从一定程度上讲，"顶层设计"不等于独断专行，更不等同于向壁虚构。

目前，红色旅游发展在革命文物保护和开发理念等环节还比较落后，对红色文化资源的保护和旅游开发存在矛盾冲突，并且这种矛盾日益显著；革

命文物利用率较低、关于红色文化的体验形式较为单一，同时其与时代需求的差距，红色旅游对市场的吸引力不足，无法引起较大需求量；红色文化跨区域交流机制和平台尚不成熟，没有健全的机制等问题也有待解决。

首先，我们要进行顶层设计，统筹规划，做好红色旅游发展顶层设计。顶层设计的完善对于红色文化资源在开发和保护中存在的问题有着极为重要的作用，针对如何对革命文物做好顶层设计，保证历史真实性、风貌完整性进一步使其发挥文化延续性这一问题。第一，要积极贯彻落实相关政策，有关部门要积极出台并监督实施关于革命文物规划与保护的方案，同时进一步加强红色文化博物馆、革命纪念馆、革命文物陈列室等相关硬件设施层面的建设，以实现对于文物保存状况及环境的改善。第二，拥有红色文化地区的乡村政府要因地制宜，针对本地区所拥有的红色文化特点和个性制定出同其他地区有一定差异的规章制度，进一步明确文物的保护和旅游开发流程，针对如何更好地进行革命文物的保护和利用这一问题给出较为完善的解决措施。与此同时，相关政府及文物保护部门更要对革命文物进行定期的检查工作，对于已经遭受毁坏的文物要及时修补，对于即将遭受损坏的文物要做好一定的预防工作。同时，如果本地区有重大革命事件的亲历者或幸存者，要根据实际情况对其进行采访，而对于采访所获得的相关资料要及时做好整理与备份。第三，要积极发挥红色旅游这一产业的宣传与教育作用，这样能够使得游客的文物保护思想及对于文物保护的相关法治意识在潜移默化中得到提高，将革命文物的保护转化为人民的自觉行动；也要进一步提高文物保护的工作人员的素质，对其进行相关思想教育，增强其对当地红色文化的自信心、对红色资源的自豪感、对家乡的热爱，在环境的熏陶中提高其文物保护的意识。

其次，对于红色文化所蕴藏的内涵需进一步丰富与发展，创新红色文化旅游发展模式。为了应对不足和发展、不平衡发展的时间和红色旅游的发展，应进一步创新红色旅游的发展模式，开展其深度发展市场。不同地区的人有不同的市场需求，他们也有不同的要求。这就要求我们深入挖掘红色文化的内涵和现实意义。具体方法如学生研究旅游等相关主题，而其他形式的红色文化等项目可以由成年人负责，让更多的人以不同的方式参与。同时，丰富艺术形式，增加红色文化旅游形式的类型，提高人们的欲望，积极参与红色文化旅游，并允许游客接受环境影响的红色文化渗透，以加强爱国主义的民族精神。另外，设计和开发旅游产品，如知识和艺术红色文化，推出一系列的文化创意产品。在允许的条件下，红色文化和创意产品的影响力更大更强，可增加品牌形象和增强其品牌效应。优化红色旅游市场结构，培育新的市场增长点。

再次，全方位协调整合旅游资源，推动红色文化旅游充分发展。目前红色文化旅游还未得到全面普及，欲扩大红色文化旅游影响力及吸引力，则要求各地区政府能够将当地的红色资源与文化进行充分整合，使得当地的红色文化能够与当地的旅游资源进行融合，从而推动红色文化旅游充分发展。具体建议如下：一是创设"旅游＋"发展模式，能够在该种模式的引领下，打造出以红色文化产业为依托且能够集多种学习、休闲模式于一体的体验形式，进一步扩大产业格局，以红色旅游为核心推动其多元化发展。并加大产业链延伸，以便于各层次消费群体的需求都能够得到满足。二是在坚持红色文化产业发展的同时要坚持绿色发展的理念，做到"红色传承绿色"，处理好红色旅游与生态环境保护的关系。三是始终贯彻统筹发展理念，对于当地特有的红色文化进行挖掘；对于当地的民族文化进行弘扬；对于其独特的历史文化做到传承，并努力将各种文化融入旅游开发。坚持红色文化的指导地位，发挥区域文化的主体地位，使得当地的红色文化旅游项目向高质量、高品质发展。

最后，要加强区域间的沟通、交流、融合，使得红色文化旅游能够跨区域进行发展，切实解决交流空间不足的问题。从大局出发，从红色旅游发展的国家及省级层面出发，对于红色旅游文化资源，首先要因地制宜，依托相关指导精神，依据当地特色及差异性，打造具有当地特色且具有差异性的文化遗产线路。其次提高对重大历史事件关注程度，并以此为节点，联合周边地区，跨区域举办相关的纪念活动。也可以以历史事件为轴线，对于当地所拥有的革命文物进行相关的展示展览，在展览过程中对文物背后的红色故事进行讲述，也可以进行适当的拓展，使得红色基因在故事的讲述过程中得到传承，也使得参与者能够在潜移默化中受到革命精神的感染，进一步使红色旅游的社会效应得到一定程度的增强。最后可以在重要的历史时间节点，积极向外界传播当地特有的红色文化，提高红色文化在国内外乃至海内外地区的影响力和知名度，在增强当地人的文化自信的同时也扩大了该地区红色旅游的影响力，一定程度上推动了其持续发展。

2. 共享理念与红色文化创意产业

"创新、协调、绿色、开放、共享"是十八届五中全会确立的五大新发展理念，其中，"共享"既是发展的出发点，也是其落脚点，这一理念体现了以人为本、服务于人的宗旨。根据需求层次理论，我们不难得出，在温饱这一基本问题得到了解决和满足之后，人们会产生一些其他的需求。因此，共享发展理念绝不仅仅停留在经济层面。目前，我国的工业新型化、农业现代化等逐步融合发展，这使得共享在一定程度上更加包含了政治、文化、生态等相关层面、相关领域的共享。目前在我国"互联网+"这一大背景下，"共享经济"出现了风靡的趋势，共享经济这一理念从概念层面上讲，主要侧重于对资源进行重组与整合，通过一系列手段与方法，使得整合后的资源在空间上形成一定的联系，在一定范围内服务于有需要的人。"共享经济"是一种脉络分明的、使资源得到优化配置的有机整体，这一资源分级的理念，在2017年入选年度"中国媒体十大流行语"。我们应该注意到，"共享"这一概念之所以能够进入到人们的视野，"共享单车"贡献了相当大的力量。2016年，共享单车将共享这一概念带进人们的生活，此后，"共享"这一经济理念仿佛一夜之间成长起来。共享单车、共享汽车、共享雨伞、共享充电宝，中国大地上到处呈现出一派"大众创业、万众创新"的生机勃勃的景象。在共享经济的导向下，旅游业转型与发展显得极为重要，尤其是在红色文化资源与乡村振兴的大背景下，乡村旅游应更加倾向于打造一种"共享旅游"模式，即乡村旅游共享经济，并在此基础上融合当地红色文化特色。二者结合能提高乡村旅游的质量与效果。在一定程度上可以看出，以红色文化资源为主导发展的共享旅游经济与传统旅游存在着很大的差异性，传统认知层面的旅游是以休闲、娱乐为主要目的，在吃喝玩乐的过程中对自然风光以及人文景观进行欣赏和体会，使得人们求知、求新的心理得到满足，但其主要作用在于娱乐消遣。而共享旅游经济则是以"互联网+"为背景，将网络作为其主要的载体，以游客的需求为基础，对于一些闲置的旅游资源进行调动，使闲置资源的使用权得以充分流动。这正是共享旅游经济的核心要点所在。这一共享模式使得游客们突破了时间和空间的限制，在网络上进行交流分享，在提高闲置旅游资源利用率的同时降低了成本。乡村旅游共享经济作为共享理念的产物，需要该地区居民通过网络将其闲置的设施、技能等资源的使用权转交给旅游者，在获得经济效益的同时实现其价值最大化。

作为游客，不管是传统旅游，还是共享旅游，娱乐都是其内在需求。我们可以将旅游理解为人们在前进中的自娱过程，这一过程绝不仅是人们在到达心中想到达的景点后进行简单的观看演出、参与体验。因此，在一定程度上可以将其理解为一种"文化体验"，这就要求我们在开发共享型乡村旅游的同时关注乡村所蕴藏的红色文化内涵，充分挖掘当地的乡土人文气息。将一些红色乡村文化，如革命文化、农耕文化、民俗文化等以旅游产品的形式共享给游客，包括共享农事体验活动，民俗文化和红色文化遗址中的深度参与体验，红色故事及戏曲中角色扮演等项目，这不仅使乡村的红色文化得到传播，也能够使当地村民通过展现本地特有的文化特色获得精神上的满足，能增强其文化自信，增强其文化自豪感。与此同时，游客也从此类产品中感受到了当地的风土人情，在潜移默化中获得红色文化知识的熏陶，获得愉悦的身心体验。

共享即资源的优化配置，是进行共享型乡村红色文化旅游开发必须要坚持的首要原则，若想进行共享红色文化旅游的开发，必须以该地区的乡村红色文化资源为依托。对于共享型红色文化旅游项目的开发，不仅是将其地区的红色文化资源进行简单的整合和共享，而是需要以这些资源为基础，同时将该地区的一些旅游信息、旅游服务等相关内容共享给游客，以满足游客的多样化需求。此外，还可以对乡村特有的食物、房屋住宿、生活服务和生产能力等资源进行共享。这里的共享主体不仅限于主人与客人之间的分享，也可以是客人与客人之间进行沟通及分享。可以随着共享旅游产品的深入实践自然而然地拓展到客与客之间，游客在享受和参与共享红色文化旅游的产业及产品的同时，也会把自己的心情、感受，更多的是一些相关红色文化知识分享给周围的同游者，使得共享理念贯穿于旅游的全过程。在一定程度上也起到了促进红色文化传播的作用，推动了红色文化的发展。

我国乡村作为多数革命和众多红色事迹的发源地，产生了一大批的红色杰出人物，乡村承载着大量种类齐全的红色文化资源，是我们民族精神中不可或缺的一部分，在旅游过程中游客主要通过生理和心理的双重参与获得体验感受，包括身体感官的触碰、内心思维的碰撞，因此深度体验性是提升共享型乡村旅游产品开发效果、增强其吸引力的重要原则，是主客之间、客客之间亲密接触的重要途径，能够让游客深切地体会产品的魅力，获得身心的愉悦和满足。共享型乡村旅游产品开发需要倾听游客的真实需求，为游客提供个性化的体验服务，将传统乡村旅游产品停留在表面观光的浅层次旅游体验，通过在地化文化挖掘、丰富体验导向型共享产品开发、增强感官体验刺激等手段加深游客的体验，涉及的感官越多，参与程度越高，游客体验越丰富，游客对共享型乡村旅游产品的满意度越高。

共享经济下的乡村旅游产品最为突出的特色和优势便是其社交性，这也是当前形势下的乡村旅游产品的自带属性。在共享经济时代，这一特点需要得到格外的强化和突出，这一特点使得游客在体验并且参与的过程中，逐渐消除陌生地点和陌生人物使其产生的距离感，能够使得游客卸下心中的包袱、消除主客之间的隔阂，敞开心扉地与主人或当地的其他游客进行互动与交流。与此同时，也能够彻底地放飞自我，与当地的景色进行深度体会，产生心灵上的共鸣。人与人、人与景的交流更能够让游客产生"家"的旅游感受及旅行体会，从而使得旅行产品的体验性得到增强，以达到促进共享经济时代乡村旅游产品开发加深和质量提升的目的。

在共享经济逐渐开始发挥其作用的时代，乡村旅游对于人们来说不再是走马观花的浏览，而是转向成为一种深层次的体验。人们越来越倾向于深入乡村，去感受当地的文化，体会当地的风土人情以及乡村人文气息，也更加喜欢去深入挖掘当地的文化内涵。但当今社会经济发展日趋加速，因此人们的需求特征也在随着经济的发展朝着多层次、多维度的方向凸显。一些地区的旅游活动不得不因此做出更加复杂和综合的改变。这使得共享经济时代大潮下的乡村旅游经济必须要做出更加符合时代发展的变化。例如：深度分析游客类型，游客的多样化势必会导致其需求的多维度。若想做大做强共享式乡村红色文化旅游，必须从共享旅游产品的形式和内容出发，对于各种类型和形式的旅游产品进行恰当的组合运用。应大力推动该类共享型乡村旅游产品具有复合型功能，以能够满足游客多维度的需求，促进乡村旅游的发展。

（三）红色文化资源对乡村生活的日常性融入与互动

1. 红色文化资源在乡村生活中的传播与植入

红色文化资源本身就隐藏在乡村生活中，我们不仅要在这里探索，还要在这里取得突破。新中国成立以来，党和国家一直重视加强红色文化宣传，强调政治、时代和创新。中共十九届全国代表大会报告指出：坚持中国特色社会主义文化发展道路，激发全国文化创新创造力，建设社会主义文化强国，实施农村振兴战略。2018 年发布的《吉林省委、省政府关于实施农村振兴战略的意见》明确指出，吉林应坚持物质文明和精神文明的共同建设，不断促进农村文化产业的发展，逐步提高农村人民的素质。2021 年，吉林省政府工作报告指出，加强和完善农村治理，推进治理能力和治理体系现代化，建设文化强省，增强软实力发展。这些都为红色文化传播和乡村振兴发展创造了良好的政策环境。既然要加强文化传播，农村首先要落实。遗憾的是，许多当地人随着时间的推移淡忘了过去的事件。因此，无论如何，我们都不应该让这种情况继续发生，应该做出改变。江西萍乡报恩台村就是一个很好的例子。

为充分发挥红色资源优势，报恩台村与芦溪县党校合作，利用村内闲置烈士祖屋建设的初心堂等资源，开发了五个一现场教学模式课程，广泛开展红色培训活动，走红军路，听红故事，唱红歌，上一堂红党课，吃一碗红米饭。红色培训内容包括初心堂举办的微党课等室内课程，重走红军路线，重温入党誓词，重读红字等室外活动。动静结合，内外兼修，使红色训练内容生动而不枯燥。红色文化更容易深入人心，吸引党员群众参观学习。红色文化已成为报恩台村发展壮大村级集体经济的强大资本，每逢节假日都会党员群众来学习。2020 年入选市级红色文化村。

近年来，在乡党委和政府的支持下，报恩台村在建设美丽乡村的东风下，不断探索农村旅游与红色教育相结合的新发展道路。结合红色文化和徒步旅行，努力建设红色党精神教育基地，推动村民就业创业。投资 220 万元升级建设红色徒步路线，继续开展新农村示范点建设，完成环村路白改黑工程。或新建旅游小径、旅游厕所、望塔、竹棚、小广场等旅游设施。农村党校设有阅读、棋牌、土特产展示等功能室。该村还成立了从事农产品种植、加工和旅游接待的合作社。该村 70 名村民中有 50 多人加入了 430 亩秋雪桃和 50 亩金兰柚种植。游客可在每年 10 月左右进入果园采摘。

此外，振兴农村活动的旅游业也是一个切入点。依托丰富的红色文化资源和绿色生态资源，发展农村旅游，振兴农村经济，是振兴农村的好途径。党的十九届五中全会提出，要促进文化旅游融合，大力发展红色旅游和农村旅游。

进入新的发展阶段，继承红色基因，弘扬红色文化，凝聚力量，准确对接农村振兴，成为河北、陕西、山西、山东、河南、贵州、湖南、江西、江苏等省份促进优质发展的重要措施。许多地方充分利用革命老区的红色资源，选择红色遗址，整合资源，建设红色文化城镇或景区，不断完善红色景区基础设施，激活旅游经济；纪念馆、展览馆建设与重大文化工程、生态文明建设、美丽农村建设、城乡环境综合改善相结合，完善配套设施，提高基本公共文化服务水平，为农村全面振兴奠定坚实的产业基础。他们不仅获得了精神和信仰的力量，也获得了经济发展的成果。

与其他形式的旅游不同，红色旅游融合了历史和景观，汇聚了精神和物质，在精神和信仰的启发下，承担了为人民谋幸福的时代责任。

2021年是中国共产党成立100周年。党员干部走进革命圣地和红色景区，学习壮丽的革命历史，回顾党领导人民的百年奋斗历程，增强信誉，尊重道德，为群众做实事，解决忧虑，促进发展，不断增强人民的成就感、幸福感和安全感。

浙江绍兴夏颖镇与一些景观建设和"堆放钢筋混凝土"不同，夏颖镇打造了一条土气浓郁的山野红色旅游线路。整条线路沿用八路军的活动范围和路线，简单梳理，以"平原"的方式展开。通过现代音频手段，将八路军在这一地区战斗的故事和党的历史上的重大事件将红色故事带入农村旅游。在狭窄的乡村道路上，游客可以欣赏乡村风光，欣赏农民的品位，了解党的历史，从而加深对新发展理念的理解。在身临其境的经历中，游客可以从中汲取革命祖先的精神力量——他们在风雨中战斗，在高山中奔跑，为国家和人民服务，流血牺牲。

2. 红色文化资源对乡村振兴的影响

红色文化是中国共产党人、先进分子和人民在20世纪战争年代共同创造的具有中国特色的先进纯净文化。他们为人民和中华民族的解放、世界的和平与安全树立了坚定的理想信念，付出了难以想象的代价，建立了中华人民共和国，创造了伟大的红色革命文化。进入新时代，要挖掘红色文化资源，认真讲述革命根据地、党和老区人民、战斗、支军爱民等革命故事，把红色资源的优势转化为党性教育的精神富矿，积极打造特色鲜明的红色文化党建教育高地，大力弘扬革命精神，传承红色基因，让红色文化不断闪耀。巩固基层组织建设的基础。通过不断学习和继承，激发内生动力，凝聚雄伟力量，引导党员干部以革命于初衷，牢记使命，积极为社会主义新时代做出贡献，努力推进中华民族复兴。

产业是实现农村振兴发展的重要指导力量。产业发展要与当地发展要素有机结合，因势利导，农业种植加工要与当地发展要素有机结合，努力打造当地或行业的品牌特色。善于捕捉红色文化的本质，灵活结合，使独特的地方特色红色文化与地方产业共生或融合发展，通过红色文化增加，创造产业特色品牌，提高产品附加值。目前，许多地方根据当地红色文化资源开发了红军粮、红军装等红色主题产品，具有一定的价值和意义。虽然许多产品都是利基产品，但它们也很受客户的欢迎。虽然一些地方产业很难找到与红色文化相连的内容，但它们直接在红色文化教育基地附近发展产业，通过空间布局与红色文化资源相关联，借助红色文化的氛围构建"红色+产业"发展模式带动产业扩张发展。

以文化活动为基础，还能实现振兴红色文化资源的目标。生活环境好，经济活跃，村庄凝聚力增强，与村民密切沟通，才能得到他们的支持。随着基础设施的不断完善，越来越多的游客前来徒步休闲。游客多，土特产销售和农家乐升温。为了提高旅游接待水平，加强接待管理，村里对有兴趣和条件从事农舍的农民进行烹饪培训，报恩台村里统筹安排集体旅游和培训餐饮接待。截至目前，报恩台村已接待红色培训休闲旅游 2 万余人次，农家乐餐饮收入 26 万元，销售土特产 12 万多元。村民刘建南和卜茶英，一个 80 多岁，另一个 70 多岁，2020 年光农舍收入超过 2 万元。这种变化，是红色文化和农村生活和谐的证据，村民实际掌握了可以获得的利益，将更尊重红色文化，促进红色文化。这也符合当今社会鼓励农村扶贫的正确道路。

实现全面建成小康社会的目标。不仅要加强创业就业，还要通过产业兴村、旅游旺村，提高农民收入。要通过对身边红色历史文化知识的学习，积极传承和激活红色基因，学会独立自主，自力更生，有排除万难、争取胜利的大无畏战天斗地精神，进而增强自发自力主观能动意识，主动摒弃等、靠、要思想，在挂扶单位的支持帮助下，努力学习生产知识技能，依靠双手，依靠勤奋，实现致富奔康。

农村振兴包括五种振兴，其中红色文化也是农村振兴的重要组成部分，在一定程度上反映了社会主义核心价值观的实践。因此，为了实现农村振兴，红色文化应融入农村建设，成为新时代中国特色社会主义新农村建设的重要驱动力。

四、吉林省红色文化资源与乡村振兴融合发展的路径探寻

在吉林这片土地上，拥有内容丰富、形式多样的大量红色文化资源。目前，我国的市场经济一直都处于不断融合发展的状态，所以要想发展好吉林红色文化，当务之急是紧密联系经济政策，在乡村振兴融合机制的指导下，发挥新的原动力。在提出乡村振兴战略之际，就已经规定其总要求，即：产业兴旺、生态宜居、乡风文明、治理有效、生活富裕。从经济角度来看，这也是评判乡村振兴工作成果的重要指标。如果要实现乡村现代化，就需遵循乡村振兴战略的总要求，所以将红色文化融于乡村振兴的策略是大势所趋，采用"文化+经济"的策略，把红色文化对乡村振兴发展的重要社会价值和经济价值发挥出来。根据以上的分析和展望，本书主要从五个角度去探寻吉林红色文化与乡村振兴融合发展的新路径。

（一）深挖红色文化资源，建立红色产业品牌

红色文化要发挥作用，离不开产业的发展。深入挖掘当地红色文化资源，

找到与乡村振兴的最佳契合点，遵循"宜融则融、能融尽融"的原则，形成集旅游、旅游、学习等功能于一体的红色文化产业。重点发展相关创意产业，推动旅游产业与红色文化充分融合，形成具有传承革命精神、学习红色文化等功能的红色旅游产业。此外，积极引领农村农业、畜牧业等优势产业发展，打造和销售含有红色文化元素的手工艺品和特色农产品等旅游衍生产品，可以促进相关产业发展，延长产业链，推动农村产业繁荣，着力构建乡村振兴新的经济增长点。

"十二五"规划明确，实施乡村振兴战略要重点抓好农村地区建设。以"三农"问题为全党工作重点，走中国特色社会主义农村振兴道路。党的十九大报告指出，乡村振兴战略主要包括五个方面的振兴，重点是提高农村经济基础。与此同时，要在文化、民生、生态等方面全面振兴、全面提升。文化振兴不是重中之重，但文化作为精神层面的内容，不仅能为实施乡村振兴提供精神动力，提高农村社会文明程度，也能为实现中华民族伟大复兴贡献力量。因此，主要集中于吉林红色文化资源的深入开发和研究，如目前对红色文化的系统调查，主要包括红色文化与乡村振兴的协调状况、地区民众对红色文化资源的认同度等内容。这几个方面都可以成为红色文化资源振兴农村的主要方法，在系统调查之后，建立集中的红色文化产业，形成聚居的品牌效应。关于红色产业的开发，可以重点通过支持红色文化产业及相关周边产业（如具有红色原色的手工艺品加工业等）延长产业链，促进乡村产业的繁荣，找到红色文化与乡村产业的契合点。或者研究红色文化人物剪纸，开展剪纸活动的展会，发表红色人物故事的剪纸创作产品等。

（二）深挖红色文化资源，建成生态宜居环境

深挖红色文化资源，建成生态宜居环境。合理的利用红色文化资源，应与建设美丽乡村同频共振，以红色文化遗产配套基础设施建设为契机，保留具有红色文化特色的村落，充分利用当地资源，对红色资源进行修缮保护，以提升乡村宜居性和整体风貌。将乡村新风貌以标语展示、故事讲授，影视

播放、微信传播等方式挖掘出来、弘扬起来、传播开来，侧重发挥各自的作用和影响，把红色文化的效益最大化。开发的所有红色文化资源，与社会主义核心价值观保持一致，与新农村建设、生态旅游开发、绿色生态文明相结合，要完善当地公共卫生设施和文化建设，提高乡村居住环境质量，努力把乡村建设成生态宜居的美丽家园。

开发的红色文化与社会主义核心价值观一致，在开发拓展红色文化资源的同时，一定要兼顾当地乡村的主流风俗和的独特的文化。第一，可以通过标语展示的形式激发乡村百姓保护红色资源、共同建设美丽乡村的意识。第二，利用故事讲授，寻找乡村内的退伍老兵，让老兵为学生及百姓定期讲解当年的革命故事，保护红色文化不断代，做到扬正气，树风尚，传军魂。第三，可以通过影视播放、微信传播等方式将原始的真实的革命记录影像寻找出来、弘扬起来、传播开来，结合这种新形势让更多的乡村百姓接受红色文化，感受革命传统。利用"文化+经济"的策略将乡村建设成为和谐美丽宜居的新的生态环境。

（三）深挖红色文化资源，赋能乡风文化

中国的革命和发展是从乡村开始的，乡村充满了红色革命的气息，要充分利用好红色资源，传承好党的精神和事迹，加强党史教育，以群众喜闻乐见的方式，向广大农民群众传播红色精神文化，培养文明、朴素的乡风，有利于红色文化资源更好地融入乡村生活。文明、朴素的乡风对于吸引更多的经济带动者定居乡村有着一定的推动作用，它们会成为乡村振兴的核心力量。培养文明、朴素的乡风，既要让社会主义先进文化在其中起带头作用，使得乡村的优秀传统文化彰显出底蕴和价值，也要让红色文化资源发挥其推动作用，引领乡村风貌文明建设，促进乡村文化繁荣发展，以此助力经济发展。

众所周知，中国的革命道路是农村包围城市，武装夺取政权的道路，所以农村作为战争时期的主要根据地，蕴含着一系列丰富的、宝贵的红色文化，我们要利用好这种得天独厚的优势，将原有的红色文化转变成人民大众喜闻乐见的方式，有效地传播及推广红色文化，让其深入人心，并深刻融入人们的生活。良好的乡风有助于形成聚集效应，吸引更多的人到乡村生活定居并创业持续性发展，可以渐渐提升乡村振兴的实力。培养文明乡风，不仅要发挥党的中心领导地位，还要充分发挥社会主义先进文化的优势，彰显乡村优秀传统文化的各种价值。同时，需要发挥红色文化资源的内在作用，可以为乡风文化建设提供资源材料。由点到面逐步发掘红色资源，宣传并传播红色文化，将原有的丰富的红色文化与乡村民俗有效融合，成为一种新时代下新型的乡风文化。

（四）深挖红色文化资源，达成乡村高效治理

传承红色文化作为一种精神动力，始终激励着众多党员干部不忘初心、砥砺前行。在推进乡村振兴的实践中，各级党员充分发挥着其带头作用，积极调动农民群众投身到乡村建设中，形成乡村治理的新格局。有效治理是乡村振兴的基础，这是从政治文明维度衡量乡村振兴。从"健全自治、法治、德治相结合的乡村治理体系"的角度出发，在红色文化资源中提高党领导农村工作，创新乡村治理体制。不断强化党员干部的理想信念教育，把红色资源文化中蕴含的价值追求、精神风貌转化为拼搏奋斗和为民服务的精神动力，将乡村基层党组织建设成坚强的战斗堡垒，以确保乡村振兴工作在各方面扎实部署并有序推进。

新时代背景下，乡村振兴战略的实施对于红色文化资源开发来说是一个不小的挑战。优化顶层设计，在倡导共享理念等方面进行实践反思，大力发展有关创意产业，将其融入乡村生活，同时加强对它的开发与技术创新，进而建立起适合实际情况的契合机制，达到乡村的高效治理。因为这是乡村振兴的基础，并是从政治文明维度的衡量。从"三治"相结合的角度进行乡村治理，应形成高效相关体系。在红色文化资源中提高党领导农村工作，对其体制实现进一步创新。

首先，从健全自治上看，在开展红色文化宣传前，要侧重对乡村现有不

良风气的整治与管理，做到肃清源头，健全自治，打好基础。

其次，从法治角度看，应出台并落实相关的乡村管理制度，以及相应的配套措施支持红色文化资源的开发与宣传。做到有法可依，拥有良好的法律保障。

最后，从德治方面看，在清本溯源和有法可依的条件下，大力推广并宣传红色文化，发挥红色文化对百姓大众心灵的洗礼作用，促进文化的宣传与传播，开展理想信念教育，对党员干部和人民群众都要进行理想信念教育，深挖红色文化精神内核，结合内在潜动力逐步达成训练有素且高效认真的乡村治理体系。

（五）深挖红色文化资源，构建乡村富足生态

乡村振兴战略的根本和目标是实现生活富裕，其最终目的是让村民过上幸福美满的生活。应以提高农民收入为切入点和落脚点，拓宽农民增收渠道，让群众的腰包鼓起来。

一是带领群众参与乡村建设，开展多种合作形式，让农民群众在市场中占主导地位。

二是加强农民对技术的学习，掌握高效便捷的生产劳动方式，在节省人力物力的同时增加收入。

三是政府领导要积极配合并支持乡村红色文化建设，做好农民与市场之间的纽带，拓宽乡村收入渠道，带动农民实现共同富裕。

乡村振兴不仅仅局限于达成"口袋富裕""脑袋富裕"的目标，还要注重"心态富裕""生态富裕"的实现，是"四位一体"的富裕。基于上述文化资源对乡村的价值阐述进行探究，创设乡村生活富裕与红色资源的融合机制。

乡村振兴战略的主要目的是让乡村以及部分县级地区的人民实现良好生活。当然经济方面必定是振兴的首要目标。在实现经济振兴的过程中要实现各方面全面发展，多位一体带动经济发展，最终实现富裕状态进而构建乡村

富足生态。

因此，对红色资源的开发就显得格外重要，探索红色文化资源，建立红色产业品牌、建成生态宜居环境、构建乡村富足生态可以充分的结合起来，先形成红色品牌效益，再利用这些品牌优势进行人才回流的引进，做到乡村办厂，既可以解决农村劳动力不足的问题，又可以让人们精准脱贫，腰包鼓起来，实现真正的共同富裕，做到"文化+经济"两手抓，互相影响、互相推动、相得益彰。但是，也要注意因地制宜，各地区红色文化资源开发程度不同，各乡村发展情况不同，应根据不同乡村的不同情况，构建起符合实际情况的发展路径，将红色文化资源的动力在乡村振兴中充分发挥出来。

综上所述，红色文化资源与乡村振兴要想更好发展，还需要不懈努力，一步一步，脚踏实地地做大事，才能更接近目标。回顾过去的岁月，中国农村承载着大量的历史记忆，这使乡村振兴的实现和红色文化资源的整合具有一定的基础及信心。进入新时代，要继续坚持红色旅游健康稳定发展的步伐，继承红色基因，弘扬革命文化，凝聚奋进力量，实现乡村全面振兴。广大党员、干部和人民群众要了解并学习好党史、新中国史，守护住党领导人民开创的社会主义伟大事业，世世代代传承下去，我们更应该将红色文化与乡村振兴相结合，对于红色资源的挖掘我们应该更为深入具体，绝不能仅仅停留在表面，应使得红色文化真正发挥推动产业发展的作用。《诗经》中悠悠歌唱"民亦劳止，汔可小康"，穿越千年风雨，使"小康"二字在中国共产党成立100年之际成为现实，使绝对贫困问题在中国得到历史性解决。全面推进乡村振兴是当代中国的重要组成部分，是推动中国进步的全球性、历史性战略。农村红色资源作为一些红色产业的发展基础，在一些农村产业中起着重要的支柱作用。因此，要求我们合理规划乡村红色资源的发展和使用，认识到提高乡村基础设施建设的重要性。乡村文化产业的发展必须具有独特的内涵和吸引力，要把握红色文化资源与农村文化融合的精神内涵和价值观，坚持正确的方向和理念，坚定不移地走正确的发展道路。

若想很好地将红色资源转化为推动力，以此促进乡村振兴战略的实施，红色文化资源的发展需要相关政府统筹规划和整合。发挥红色文化资源的教育功能，释放其经济效益，在一定程度上能够对乡村地区进行塑造，为农村振兴奠定物质基础和精神基础。不难发现，一些拥有红色文化旅游资源地区的游客们习惯于首先缅怀革命先烈，而后感受风土民情，了解村民发展成果。游客在感受风土人情的同时，必然会进行一定的消费，从而带动农村经济的发展。因此，红色旅游业在一定程度上已成为帮助农村振兴的重要着力点和增长点。农村是一个广阔的天地，其红色文化是一个优良的传统，也是一个宝贵的精神财富，值得我们深入挖掘和探索。中国的发展起源于农村地区，农村的红色文化代表了中国的背景。文化的繁荣是一个国家发展的象征。继承、弘扬和发展农村红色文化是乡村振兴者应牢记的使命。民族要复兴，乡村必振兴。将红色文化与乡村振兴相结合，逐步形成"产业兴旺、生态宜居、乡风文明、治理有效、生活富裕"的红色文化资源与乡村振兴战略，是需要我们坚定不移走下去的道路。

五、总结与展望

综上所述，红色文化资源与乡村文化融合是乡村振兴工作的重点，挖掘整理、开发保护要注重展现特色、发挥优势，避免"千村一律"。乡村文化产业的发展必须独具特色并富有内涵和感染力，把握好红色文化资源与乡村文化融合的精神内涵和价值理念，坚持正确的导向和理念，坚定不移走正确的发展道路，不过度追求经济利益，避免使乡村红色文化出现娱乐化倾向。同时，深入挖掘乡村红色文化的深层次内涵，对于红色文化的研究绝不能仅仅停留在表面，杜绝形式化的倾向出现。

红色资源挖掘与乡村振兴融合发展研究极力挽救由乡村人口流失导致的红色文化振兴失去内生动力的问题，以做到全面发展、做好顶层设计、倡导共享理念等方面为出发点，通过一系列实践研究，推进红色文化资源融入乡村生活，促进其开发实现技术创新，提出了一套符合实际情况的发展实现路径。该路线为乡村红色文化与乡村振兴的构建提供理论支撑，还为红色文化资源的深度开发提供发展指引，更为地域红色文化宣传创新产业培育创建提供有力实际参照。

通过对红色文化资源与乡村振兴战略五个要求和思想路线的实践研究和方法讨论，得出在全球化新媒体时代下适合吉林红色文化宣传发展实际的机制，为增强乡镇民众文化的融合统一，推动区域社会经济发展，以及实现"两个一百年"奋斗目标提供些许实证性的建议。

本部分对红色文化资源和乡村振兴情况进行全面调查研究，对当前资源开发利用上的薄弱环节提出行之有效的机制和建议。让红色文化和乡村振兴成为人类自觉的对象性活动中两个互相关联的因素，让红色文化资源成为实现乡村振兴的方法、途径，在有目的、有对象的活动中兼顾主体与客体之间的关系，在主客关系中占据主导地位，形成"产业兴旺、生态宜居、乡风文明、治理有效、生活富裕"的红色文化资源与乡村振兴战略的融合发展机制。

参考文献

［1］ Bernstein T P. Revolution and the People in Russia and China: A Comparative History ［J］. Kritika: Explorations in Russian and Eurasian History, 2010, 11 (2): 439-446.

［2］ Hooper B. From Mao to Madonna: Sources on Contemporary Chinese culture ［J］. Asian Journal of Social Science, 1994, 22 (1): 161-169.

［3］ John H. Their Risks, and How They Can Be Reduced ［J］. Journal of Derivatives, 2012, 3 (9): 37.

［4］ N. Joseph. Smart Power in Search of the Balance between Hard and Sofpower ［J］. Democracy a Journal of Ideas, 2006, 18 (5): 27-31.

［5］ William L. Tung. The Communist Party in Power: Mao's Political Thought and the Party Organization ［J］. The Political Institutions of Modern China, 1964, 2 (6): 7-13.

［6］ Ye Feng, Ma Jinggui. Rural Ecological Landscape Construction from the Perspective of Rural Revitalization Strategy ［J］. Journal of Landscape Research, 2018, 10 (5): 22-25.

［7］ Zhang J. Analysis on Development Pathway of Farmer Organization under the Background of Rural Revitalization ［J］. Asian Agricultural Research, 2018,

10（5）：22-25.

［8］把党的历史学习好、总结好、传承好、发扬好——学习习近平总书记关于党史的重要论述［N］.光明日报，2021-03-17（11）.

［9］白鸿儒.乡村振兴背景下塔布赛村红色旅游发展研究［D］.内蒙古师范大学硕士学位论文，2020.

［10］陈雪，王永贵.全面把握新时代共享发展理念的理与路［J］.南京工业大学学报（社会科学版），2020（5）：48.

［11］陈志让.毛泽东与中国革命［M］.北京：中央文献出版社，1992.

［12］邓安娜，魏依琳，马晓璇，赵子瑞，张凯童.红色文化实践助力革命老区乡村脱贫振兴——以井冈山为例［J］.农村实用技术，2020（12）：112-113.

［13］邓辉.论广东云浮长岗坡精神助力乡村振兴战略的实践与思考——基于红色文化传承视角［J］.南方论刊，2019（12）.

［14］董磊.大众文化视域下红色文化传播机制的失调与优化思路［D］.江西师范大学硕士学位论文，2014.

［15］段莲.论传统文化教育与高校思想政治教育的契合［J］.漳州职业技术学院学报，2011（4）.

［16］范彬.论红旗渠精神的红色文化价值与传承［J］.学校党建与思想教育，2017（8）.

［17］费正清.剑桥中华民国史（下卷）［M］.杨品泉等，译.北京：中国社会科学出版社，1994.

［18］付姓.土流网：让“地主”“房主”“玩主”共享乡村新农房［J］.农村经营管理，2018（5）.

［19］高运广，朱亚成，贾雷雷，等.青藏公路沿线骑行驿站建设的社会经济效益分析［J］.中国商论，2019（9）.

［20］高运广，朱亚成，邢瑞，等.青藏线骑行运动的报告研究［J］.

现代商贸工业，2019（7）．

［21］郭军扬，郭晓艳．共享经济视域下的环巢湖民宿旅游发展对策研究［J］．旅游纵览（下半月），2018（22）．

［22］郭声琨．坚持和完善共建共治共享的社会治理制度［N］．人民日报，2019-11-28（6）．

［23］何元元．乡村振兴战略背景下大别山"红色文化+"创新发展研究［J］．农业经济，2021（4）．

［24］红色旅游规模和热度全面攀升［N］．中国旅游报，2021-05-21．

［25］洪芳，王政，褚凰羽．红色文化传播中的受众研究［J］．新闻界，2011（2）．

［26］胡蔚．传承红色文化助力乡村振兴［N］．中国旅游报，2021-01-14（3）．

［27］胡亚军．骑行运动对途经地区体育产业的促进作用［J］．兰州文理学院学报（自然科学版），2019，33（6）．

［28］胡翼青．媒介素养与传播效果研究——基于大众传播理论创新的思考［J］．新闻界，2006（6）．

［29］黄艾，熊皇．大众传媒与农村社会发展的历史互动与现实路径［J］．湖北大学学报（哲学社会科学版），2018（2）．

［30］黄碧蓉．民族地区乡村文化振兴面临的难题及解决对策［J］．乡村科技，2020，11（23）．

［31］黄洁．文化自觉视域下高校思想政治教育对中国传统文化的传承与创新［J］．教育与职业，2014（20）．

［32］黄三生，凡宇，熊火根．乡村振兴战略视域下红色文化资源开发路径探析［J］．价格月刊，2018（9）．

［33］黄祥祥，朱雅妮．乡村振兴：理念依托、规则确立与技术路径——第三届中国县域治理高层论坛综述［J］．华中师范大学学报（人文社

会科学版），2019（1）．

［34］霍振响，马晓悦．基于"使用与满足理论"的科技期刊用户服务策略［J］．编辑学报，2021，33（1）．

［35］姜宇飞，李玉巧．议程设置理论视角下高校图书馆微信公众号信息推送内容策划——以东北大学图书馆为例［J］．图书馆学刊，2021，43（2）．

［36］金江军．智慧产业发展对策研究［J］．技术经济与管理研究，2012（11）．

［37］亢雄，马耀峰．对旅游"六要素"的再思考［J］．旅游论坛，2009（4）．

［38］克琴，加强共青团思想融入路径研究——以百色学院为例［太原城市职业技术学院学报．2014（12）．

［39］孔祥慧．用红色文化融入大学生思政工作［J］．人民论坛．2019（3）．

［40］李彬．中国乡村体育旅游发展方向调整与路径选择：基于共享经济发展视角［J］．改革与战略，2017（5）．

［41］李斌．新时代赣南红色文化传播价值和路径思考［J］．赣南师范大学学报，2020，41（2）．

［42］李嘉嘉．抖音短视频中红色文化传播的新路径［J］．新闻研究导刊，2019，10（23）．

［43］李文峰，姜佳将．老区与新乡：乡村振兴战略下的文化传承与反哺——以浙江余姚梁弄镇革命老区为例［J］．浙江社会科学，2018（9）．

［44］李忠庆．新媒体背景下红色文化传播与红色基因传承路径研究［J］．新闻传播，2020（14）．

［45］林美玫，苗汝昌．以红色文化教育融入新时代团员青年的"活思想"［J］．山东理工大学学报，2019（1）．

［46］林小暖，吴晓波，黄权晖，陈学信，白宝香，梁海钰．红色文化助力农村教育精准脱贫攻坚的作用研究——以云南省昆明市东川区拖布卡镇为例［J］．中国集体经济，2020（36）．

［47］刘奎杰，曲洪志．宋明理学知行观的道德内涵［J］．中国社会科学院研究生院学报．2008（6）．

［48］刘琨．中西语境下红色文化内涵的研究［J］．理论界，2013（7）．

［49］刘娜．新媒体视域下"拟态环境"理论媒介发展初探［J］．新闻传播，2016（1）．

［50］刘佩．智慧城市建设背景下我国智慧产业发展策略研究［J］．中国商贸，2013（24）．

［51］刘远彬，丁中海，孙平，等．两型社会建设与智慧产业发展研究［J］．生态经济，2012（11）．

［52］柳若愚．儒家文化在大学生思想政治教育运用中存在的问题及对策研究［D］．牡丹江师范学院硕士学位论文，2015.

［53］罗文标．新制度经济学视角下旅游品牌共享型乡村旅游经济协调发展研究［J］．农业经济，2017（3）．

［54］罗云丽．旅游共享经济的基本特征、运行机制与发展对策［J］．商业经济研究，2016（14）．

［55］吕胜男．乡村振兴背景下红色旅游的教育功能与辐射效应［J］．社会科学家，2019（8）．

［56］马振涛．以共享理念促进旅游业转型升级［N］．中国旅游报，2016-03-23（3）．

［57］毛帅．以红色文化融入"青马工程"建设的探究［J］．湖北函授学报，2018（6）．

［58］聂素丽．新媒体时代红色文化传播策略研究［D］．湖南师范大学

硕士学位论文，2015.

［59］宁莉．论农村受众媒介素养教育［J］．新闻爱好者（理论版），2007（12）：12-13.

［60］潘俊霖．红色文化为乡村振兴打造精神家园［J］．人民论坛，2018（26）：132-133.

［61］秦艳培．共享经济助推乡村旅游发展研究［J］．洛阳师范学院学报，2017（10）．

［62］邱枫．红色文化传播研究［D］．中南大学硕士学位论文，2012.

［63］人民性是马克思主义最鲜明的品格［N］．解放军报，2019-05-22（7）．

［64］阮晓菁．传承发展中华优秀传统文化视域下红色文化资源开发利用研究［J］．思想理论教育导刊，2017（6）．

［65］史晓鹭，常寅坤，申正．乡村振兴视域下阜平红色文化资源开发的创新路径研究［J］．南方农业，2020，14（35）．

［66］孙玲．依托红色历史资源，助推乡村文化振兴——评《长征精神》［J］．中国食用菌，2020，39（7）．

［67］孙伟．红色文化与乡村振兴的契合机制与实践路径——以新县田铺大塆为分析样本［J］．河南社会科学，2020，28（7）．

［68］孙学文，王晓飞．新时代红色文化的传承与发展［J］．吉首大学学报（社会科学版），2019，40（S1）．

［69］田新朝．发展智慧产业助推城市转型升级［J］．科技创新与生产力，2012（4）．

［70］宛惠哲，吕婷．儒家文化在高校思想政治教育中的现代价值［J］，学园，2014（8）．

［71］王成．高校思想政治教育与传统文化融通及路径研究［J］．学理论，2015（5）．

［72］王丽，滕慧君．秉持改革开放精神传承地域红色文化［J］．人民论坛，2018（25）．

［73］王威威．荀子译注［M］．上海：三联书店，2014.

［74］王香平．系统观念是具有基础性的思想和工作方法——学习领悟习近平总书记关于系统思维方法论的重要论述［J］．中国纪检监察，2021（8）．

［75］王小平．农村社会组织创新发展的路径研究——以河南省兰考县农民合作社为例［J］．山东农业工程学院学报，2015（1）．

［76］王艳红，秦宗财．红色文化形象的受众认同与媒介传播研究［J］．中原文化研究，2020，8（3）．

［77］吴玉红．视觉设计视角下红色文化助力安徽大别山乡村振兴开发现状与对策研究——以安徽金寨县为例［J］．安徽建筑大学学报，2019，27（5）：102-108.

［78］吴跃，儒家政治文化视阈中的当代领导干部思想政治教育研究［D］．首都经济贸易大学硕士学位论文，2013.

［79］伍梓维．共享经济背景下乡村旅游发展研究［J］．乡村科技，2019（1）．

［80］习近平谈治国理政（第三卷）［M］．北京：外文出版社，2020.

［81］谢翠玲．基于游客体验的文化旅游产品开发研究［D］．福建农林大学博士学位论文，2016.

［82］邢佳妮．红色文化传播力提升策略探析［J］．理论导刊，2019（6）．

［83］徐陆军，马洪宝，杜玉晶，王军，张晓敏．建设美丽乡村推动乡村振兴存在的问题及对策——以济南市天桥区为例［J］．乡村科技，2020，11（22）：44-46.

［84］徐顽强，邓小伟，朱喆．社会管理创新视角下农村社会组织发展

困境和路径研究〔J〕．广西社会科学，2012（6）．

〔85〕徐毅．激活红色文化助推乡村振兴〔N〕．广西日报，2020-11-19（9）．

〔86〕杨志国．共享经济模式下乡村度假休闲旅游资源开发路径〔J〕．农业经济，2019（8）．

〔87〕姚凤．中华优秀传统文化融入高校思想政治教育的路径〔J〕．新疆职业大学学报，2016（1）．

〔88〕以红色旅游为抓手推进乡村全面振兴〔N〕．光明日报，2021-02-19（8）．

〔89〕易修政，卢丽刚．以红色文创产品为载体的红色文化传播研究〔J〕．红色文化学刊，2018（2）．

〔90〕尹建强．乡村振兴战略视域下河池红色文化资源开发路径探析〔J〕．柳州职业技术学院学报，2019，19（6）．

〔91〕尹逊才，胡玉洁．《学记》"长善救失"思想在教育中的传播与发展〔J〕．连云港师范高等专科学校学报，2015（1）．

〔92〕于德．红色文化：促进乡村振兴的重要动力〔J〕．群众，2020（22）．

〔93〕余子纯．新媒体环境下"把关人"理论探究〔J〕．新闻传播，2020（17）．

〔94〕郁娇，史亚军．北京乡村旅游利益共享机制研究〔J〕．农学学报，2016（8）．

〔95〕袁钧辑．郑玄论语注〔M〕．台北：艺文印书馆，1966．

〔96〕曾而明．基于共享发展理念的乡村旅游发展研究〔D〕．南昌大学博士学位论文，2017．

〔97〕增祥伍，候姝媛．骑行驿站环岛商旅新模式〔J〕．绿色中国，2015（14）．

［98］展明锋，陈勇．论王阳明"知行合一"的道德修养学说［J］．道德与文明，2003（3）．

［99］张宏宇．上海红色文化的传播现状及创新策略研究［D］．华东师范大学博士学位论文，2018.

［100］张怀鹏，张晶．媒体融合背景下胶东红色文化传播策略探析［J］．传媒，2020（24）．

［101］张理甫．传播社会学视角下的红色文化发展探析［J］．党史文苑，2015（14）．

［102］张绍荣．新媒体环境下红色文化传播研究［J］．中国青年研究，2011（12）．

［103］张文，全军桦．全媒体传播"红色文化"的路径探析［J］．湖南社会科学，2014（4）．

［104］张向阳，袁泽沛．广州智慧城市与智慧产业融合发展路径研究［J］．科技进步与对策，2013，30（12）．

［105］张雁，卢波．儒家文化精髓与当代思想政治教育的融通［J］．社会科学家，2012（11）．

［106］张贞．中国大众文化之"日常生活"研究［D］．华中师范大学博士学位论文，2006.

［107］赵世钊．用共享理念引领乡村旅游发展［J］．人民论坛，2017（7）．

［108］郑琼．发挥红色文化在乡村振兴中的引领作用［N］．学习时报，2020-09-30（7）．

［109］中共中央关于制定国民经济和社会发展第十四个五年规划和二〇三五年远景目标的建议（二〇二〇年十月二十九日中国共产党第十九届中央委员会第五次全体会议通过）［N］．人民日报，2020-11-04（1）．

［110］钟英法，舒醒．江西红色文化内涵的哲学思考［J］．江西科技师

范学院学报，2012（3）.

［111］周隆．儒家优秀文化在高校大学生思想政治教育中的价值研究［D］．西安科技大学硕士学位论文，2013.

［112］周紫微，刘芳，王卓．"涵化理论"视阈下体育非物质文化遗产的数字化传播［J］．体育科技文献通报，2021，29（3）.

［113］朱萍，朱亚成，董雨薇，等．2017—2018中国共享单车发展报告［J］．中国商论，2017（31）.

［114］朱萍，朱亚成，董雨薇，等．大学生共享单车调查报告［J］．中国商论，2018（27）.

［115］朱亚成．关于《体育发展"十三五"规划》的若干探讨［J］．南京体育学院学报（社会科学版），2016，30（3）.

［116］朱月双．共享经济背景下乡村旅游民宿业的机遇与挑战［J］．农业经济，2018（7）.